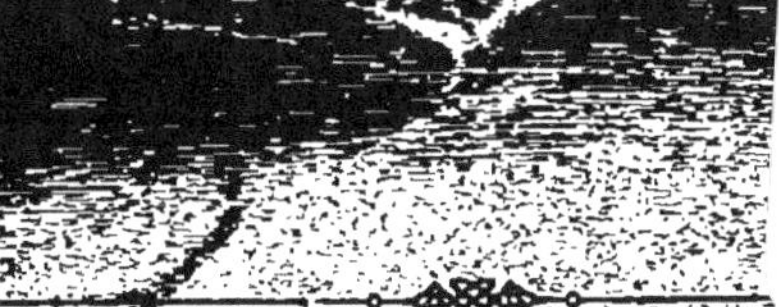

VERSIONS ALLEMANDES

APPLIQUÉES

AUX RÈGLES DE LA GRAMMAIRE

ET SUIVIES

D'UN VOCABULAIRE

Avec l'indication de l'accent tonique et de la quantité des syllabes

PAR

M. ADLER MESNARD

MAÎTRE DE CONFÉRENCES A L'ÉCOLE NORMALE SUPÉRIEURE,
PROFESSEUR AGRÉGÉ AU LYCÉE NAPOLÉON,
MEMBRE DE L'ACADÉMIE ALLEMANDE DE BERLIN

PARIS

DEZOBRY, E. MAGDELEINE ET Cᵉ, LIB.-ÉDITEURS
RUE DU CLOÎTRE SAINT-BENOIT, 10
(QUARTIER DE LA SORBONNE.)

1857

VERSIONS ALLEMANDES

APPLIQUÉES

AUX RÈGLES DE LA GRAMMAIRE

ET SUIVIES

D'UN VOCABULAIRE

Avec l'indication de l'accent tonique et de la quantité des syllabes

PAR

M. ADLER-MESNARD

MAÎTRE DE CONFÉRENCES A L'ÉCOLE NORMALE SUPÉRIEURE,
PROFESSEUR AGRÉGÉ AU LYCÉE NAPOLÉON,
MEMBRE DE L'ACADÉMIE ALLEMANDE DE BERLIN.

PARIS

DEZOBRY, E. MAGDELEINE ET Cᵉ, LIB.-ÉDITEURS
RUE DU CLOITRE SAINT-BENOIT, 10
(QUARTIER DE LA SORBONNE.)

1857
1858

PARIS. — IMPRIMERIE DE J. CLAYE, RUE SAINT-BENOIT, 7

AVERTISSEMENT

Les Versions allemandes que nous offrons à la jeunesse de nos écoles peuvent s'adapter également bien à toutes les Grammaires allemandes. En effet, chaque exercice est indépendant de ceux qui le précèdent ou qui le suivent, et ne s'applique qu'à un certain chapitre de la grammaire. Le professeur est donc libre de changer, suivant sa méthode, l'ordre dans lequel les exercices sont placés dans ce volume.

L'expérience nous a appris que la traduction de phrases détachées fatigue et souvent décourage les commençants. Ces phrases ont de plus l'inconvénient de ne pas se prêter à la conversation ; il est toujours difficile, souvent même impossible, de les réduire en questions et en réponses. Les morceaux que nous avons choisis, arrangés ou composés, peuvent tous se plier, au contraire, aux formes d'un entretien. Nous espérons qu'à l'aide de ces histoires courtes et faciles, les élèves seront amenés, sans trop de peine *de leur part*, à comprendre l'allemand à l'audition, et à s'exprimer convenablement dans cette langue.

C'est en vue de ce dernier résultat que nous avons employé des signes typographiques pour marquer l'accent tonique et la quantité des mots et des syllabes. Nos élèves, guidés ainsi dès leurs premiers efforts, ne contracteront plus ces habitudes de mauvaise prononciation qui rendent l'allemand inintelligible à l'audition, par suite surtout du déplacement de l'accent tonique. Quand, plus tard, ils expliqueront des ouvrages imprimés sans l'indication de la prononciation, les bonnes habitudes qu'ils auront prises à l'aide de nos Versions, les empêcheront de se tromper sur la valeur prosodique des mots et des syllabes.

Si les commençants savaient trouver le radical au milieu des syllabes accessoires qui l'entourent, il est certain que quelques classes suffiraient pour leur apprendre à bien prononcer. Mais dans l'impossibilité où ils sont de se rendre compte de la formation des mots allemands, leur voix s'appesantit toujours sur la dernière syllabe, et tous les efforts du professeur pour corriger ce défaut restent stériles. Il importe donc d'accoutumer les élèves, en temps utile, au mouvement métrique qui est particulier à la langue allemande. Nous sommes convaincu qu'ils s'y habitueront facilement à l'aide du système de notation prosodique que nous avons déjà suivi dans notre grammaire et expérimenté avec succès dans nos classes.

Les *Exercices* sont suivis de quelques *Morceaux de poésie propres à être appris par cœur.* Bien que placés à la fin du volume, ces morceaux, du moins les premiers, sont destinés à être expliqués au tableau, par le professeur, dès la première classe et à être récités ensuite par les élèves. Ce sera, pour le professeur, une excellente occasion de donner aux élèves une idée de la langue allemande et d'éviter l'ennui qui trop souvent s'attache aux premières classes. Il va sans dire que les élèves doivent être tenus à prendre des notes et à reproduire de vive voix, à la classe suivante, les observations que le texte aura suggérées au professeur.

Plusieurs de nos collègues ont approuvé l'idée de ce livre, mais c'est surtout M. Sauveroche, Recteur honoraire, Proviseur du Lycée Impérial Napoléon, qui nous a encouragé à l'exécuter. Puisse notre travail justifier les prévisions de cet habile linguiste!

A. M.

VERSIONS ALLEMANDES

Das kost'bare Kräut'lein.

Zwei Knaben, Eduard und Wil'helm, waren auf dem Wege nach der Stadt', und jeder hat'te einen schwe'ren Korb' voll Obst auf dem Kopf'e.

Eduard murr'te und seufzte beständ'ig; Wil'helm aber lach'te und scherz'te.

Eduard sagte : „Wie ist es möglich, daß' du so lachst und scherz'est? Dein Korb' ist' ja so schwer', wie der meinige, und du bist' nicht stärk'er, als ich'.‟

Wil'helm entgegnete : „Ich habe ein gewiss'es Kräut'lein zur Bürd'e gelegt, daher' fühle ich sie kaum. Mach' es auch so.‟

„Ei, sagte Eduard das muß' ein kost'bares Kräut'lein sein. Es würd'e mir gewiß' meine Last' auch erleichtern. Sage mir doch', wie es heißt.‟

Wil'helm ant'wortete : „Das kost'bare Kräut'lein, das' all'e Beschwer'den leichter macht', heißt — Geduld'.‟

Die Moos'rose.

Der Eng'el, der die Blumen pflegt und in still'er Nacht' den Thau darauf' träufelt, schlumm'erte an' einem Früh'= lingstage im' Schatt'en eines Ros'enstrauchs.

Und als' er erwach'te, da sagte er mit freundlichem Ant=

1½. — Lieblichstes meiner Kind'er, ich dank'e dir für deinen erquick'enden Wohl'geruch' und für deinen kühlenden Schatt'en. Erbitt'e dir et'was von mir, ich will es dir gern gewäh'ren.»

«So schmück'e mich mit einem neuen Reize!» — flehte darauf der Geist des Ros'enstrauchs. Und der Blum'eneng'el schmück'te die Königin der Blumen mit ein'fachem Moose.

Lieblich war sie zu sehen, in ihrem bescheidenen Schmuck', die Moos'rose, die schönste ihres Geschlechts'.

2. EXERCICES SUR LES TEMPS COMPOSÉS DES VERBES FAIBLES OU RÉGULIERS.

(Verbes auxiliaires haben et sein.)

Die Ed'elsteine.

Ein Gold'schmied ar'beitete für eine vor'nehme Frau an einem prächt'igen Schmuck', zu dem sie ihm mehrere kost'bare Ed'elsteine geliefert hat'te.

Robert, sein Lehr'junge, hat'te an den hell'en, funk'elnden Steinen von all'en Farb'en eine große Freude, und betracht'ete sie sehr oft'.

Mit einem Male bemerk'te der Meister, daß ihm zwei der schönsten Steine fehlten. Er hat'te den Lehr'jung'en in 'Ver=dacht', und *suchte in deff'en Schlaf'kamm'er *nach'. Da fand' er die Ed'elsteine in einem Loch'e, das in der Mauer war.

Robert betheuerte zwar, er habe die Steine nicht' ge=nomm'en; allein der Meister zücht'igte ihn sehr hart', und *jagte ihn *fort'.

Am and'ern Tage fehlte wieder ein Stein, und der Gold'=

1. Il y a, en allemand, des verbes composés qui se séparent lorsqu'il y a construction directe. Nous les marquerons d'un *. Pour les trouver dans le vocabulaire, il faut rapprocher les deux parties séparées, en ayant soin de mettre le préfixe avant le verbe. Ainsi, par exemple, suchte nach doit être cherché sous nach suchen.

schmied fand' ihn im näm'lichen Loch'e. Nun gab er fleißig Acht', wer doch[1] die Ed'elsteine dahin' versteck'e. Da kam eine Elst'er, die der Lehr'jung'e zahm gemacht' hat'te, auf den Ar'beitstisch' *geflogen[2], holte einen Ed'elstein, und trug ihn in' das Mau'erloch'.

Der Gold'schmied bedauerte es nun herz'lich, daß' er den arm'en Knaben so hart' gestraft hat'te. Er nahm ihn wieder zu sich, behand'elte ihn von nun an sehr gütig, und hat'te nie mehr so leicht auf Jemand einen Arg'wohn.

Der Diamant'ring'.

Ein Kauf'mann' reiste über das Meer' in einen fern'en Welt'theil, gelang'te dort' durch Fleiß und Geschick'lichkeit zu einem großen Vermögen, und *kehr'te nach vielen Jahren in' sein Vat'erland' *zurück'.

Als das Schiff' an'landete, hörte er, seine Verwand'ten seien eben bei einer fröhlichen Ab'endmahl'zeit auf einem nahen Land'hause versamm'elt. Er eilte sogleich' dahin', und nahm sich in' der Freude seines Herz'ens nicht' einmal' Zeit, anstatt' seines grauen Rock'es, der' von der See'reise ziemlich ab'getragen war, ein beß'eres Kleid *an'zuziehen[3].

Allein', da er in den hell' erleuchteten Saal trat, zeigten seine Herr'en Vett'ern und Frauen Bafen wenig Freude, ihn wied'erzusehen; denn wegen seines dürf'tigen An'zuges meinten sie, er sei arm' zurück'gekommen.

1. Doch. Ce mot n'a souvent pas d'équivalent en français. Ici, par exemple, il modifie le sens de toute la phrase : *pour savoir* (wer`) qui ..

2. Lorsque le verbe komm'en, *venir*, est suivi d'un verbe qui exprime un mouvement, le participe passé allemand se traduit par le participe présent : geflogen komm'en, *venir en volant* ou plus simplement par l'infinitif *voler*.

3. Les verbes composés mettent la préposition zu qui précède l'infinitif, et l'augment ge du part. passé entre le préfixe et le verbe. Au lieu de an'zuziehen, il faut chercher an'ziehen; au lieu de zurück'gekommen (v. pl. bas), zurück'kommen, etc.

Nous marquerons également ces infinitifs et ces participes par un *.

Ein jung'er Mohr, den er bei sich hat'te, ward' über die Verwand'ten sehr auf'gebracht, und sagte : „Das' sind schlecht'e Mensch'en, die ihren Freund nach so lang'er Zeit nicht einmal' freundlich grüßen."

„Wart'e nur, sagte der Kauf'mann' leise zu ihm, sie wer'den bald' and'ere Gesicht'er mach'en." Er steck'te einen Ring', den er bei sich trug, an' den Fing'er — und sieh ! da erheiterten sich schnell' all'e Gesicht'er, und jeder dräng'te sich zu dem lieben Herrn' Vett'er. Der Eine drück'te ihm die Hand', der And'ere umarm'te ihn ; All'e stritt'en sich um die Ehre, wer' ihn in' sein Haus auf'nehmen und ihn bewirth'en dürf'e.

„Hat' der Ring' die Kraft', die Leute zu bezaubern?" fragte der erstaunte Schwarz'e. „O nein, sagte sein Herr'; aber an' dem funk'elnden Diamant'ring'e, der seine tausend Thaler werth' ist, sehen sie, daß ich reich bin, und der Reich'= thum geht ihnen über All'es."

„O ihr verblend'eten Mensch'en ! rief jetzt der Mohr, so hat' euch denn nicht' der Ring', sond'ern der Geiz bezaubert. Wie kann' man gelb'es Erz' und durch'sicht'ige Kiesel höher schätz'en, als einen so edlen Mann', wie mein Herr' ist?"

3. EXERCICE SUR LES VERBES RÉFLÉCHIS.

Die Wass'erhose.

Zuweil'en erblickt' man auf dem Mee're eine furcht'bare Erscheinung, die man Wass'erhose nennt'. Eine Wolk'e senkt' sich mit großem Geräusch auf das Meer' und dreht sich be= ständ'ig in einem Wirb'el ; das Mee'reswass'er erhebt sich in Gestalt' eines Kegels und vereinigt sich gewöhnlich mit' der Wolk'e. Diese ist in der Mitt'e hohl und wirb'elt Wass'er, Stroh, Holz', Fisch'e, Vögel und and'ere leichte Geg'en= ständ'e in' die Höhe ; oft' wird sie aber sogar' den Schiff'en gefähr'lich, wenn' die ganz'e Säule sich fort'bewegt, sich neigt und end'lich zerreißt. Die Schiff'er suchen sie durch' Kanon'en=

schüff'e zu zerstören, weil sie, wenn' sie das Schiff' erreichte,
dieses unfehl'bar zertrümm'ern würd'e.

4. EXERCICES SUR LES VERBES PASSIFS.

Kind'liche Liebe.

Krösus, der letz'te König von Lydien, hat'te zwei Söhne.
Der eine, ein schöner Jüng'ling, wurd'e aus Versehen auf
der Jagd' getödtet; der and'ere war stumm', und all'e Versuche
der Aerz'te, ihm die Zung'e zu lösen, waren ohne Erfolg'
geblieben. Da wurd'e die Stadt' Sar'des von Cyrus erobert
und geplünd'ert, und zuletzt' der Pallaft' des Krösus von den
Perf'ern gestürmt'. Schon war der König in Gefahr von
einem feind'lichen Soldaten getödtet zu wer'den, als sein
stumm'er Sohn ihn mit seinem eigenen Leibe bedeck'te. Der Soldat wurd'e von so viel kind'licher Liebe nicht gerührt; er
woll'te eben beide mit seiner Lanz'e durchbohr'en, als die
Angst' um seinen Vater plötz'lich des Knaben Zung'e löf'te.
,,Tödte den Krösus nicht!" rief er laut. Da senk'te der Soldat die Lanz'e und nahm den König gefang'en.

So wurd'e der Vater vom Tode gerett'et und dem Sohn
die Sprache *wied'ergegeben.

Das Erd'beben von Liff'abon.

Am ersten Novem'ber 1755 ward Liff'abon durch ein Erd'-
beben zerstört, und durch dieses Ereigniß ein un'geheurer
Schreck'en über die ganz'e Welt' verbreitet.

Eine große, prächt'ige Refidenz' wird plötz'lich in das furcht'-
barste Un'glück gestürzt'. Das Meer' *brauf't *auf, der Tejo
steigt um dreißig Fuß, die Er'de bebt und schwankt', die Häu-
ser, Kirch'en und Thürm'e wer'den *um'gestürzt, der königliche
Pallaft' zum Theil vom Mee're verschlung'en. Sech'zig tausend
Mensch'en, einen Aug'enblick' zuvor' noch ruhig und behag-

lich, wer den vom Tode ereilt. Rauch und Brand wüthen in den Ruinen, und mit ihnen eine Schaar Verbrech'er, die durch dieses Ereigniß in Freiheit gesetzt' word'en. Die Un'glückli= chen, die noch leben, sind dem Raube, dem Mord'e, all'en Miß'hand'lungen *bloß'gestellt; alle Band'e der Gesell'schaft- sind gelöf't.

Die Auf'merk'samkeit der Welt' war eine Zeit lang auf Liss'abon allein' gericht'et. Die auf'geregten Gemüther wurd'en durch Sorg'en für sich selbst und die Ihrigen um' so mehr geängst'igt, als man hörte, daß die Erschütt'erung gleich'zeitig in Grön'land, Afrika und Amerika verspürt word'en. Viel= leicht' hat der Dämon des Schreck'ens zu keiner Zeit so schnell' und so mächt'ig seine Schauer über die Er'de verbreitet.

5. EXERCICE SUR LES VERBES UNIPERSONNELS.

Der Mant'el.

Einige Soldaten kamen zur Zeit des Krieges in' ein Dorf', *und verlang'ten einen Weg'weiser. Ein arm'er Tag'elöhner soll'te mit ihnen gehen. Es war sehr kalt', und schneite, reg= nete und wehte entsetz'lich. Er bat die Bauern flehentlich, ihm einen Mant'el zu leihen; allein' sie gaben ihm kein Gehör. Nur ein fremd'er alt'er Mann', der durch den Krieg aus feiner Heimath vertrieben word'en war, und in dem Dorf'e sich kümm'erlich als Schmied'eknecht' nähr'te, erbarm'te sich des Tag'elöhners, und gab ihm seinen alt'en Mant'el. Es ahnte ihm nicht, daß er durch seine Barm'herz'igkeit sich selbst die größte Wohl'that erzeigte.

Die Soldaten *zogen *fort, und sieh! am spä'ten Abend *kam ein jung'er Offizier in prächt'iger Uniform' und mit einem Ord'enskreuze an der Brust' in das Dorf' *geritt'en', und ließ sich zu dem alt'en Mann'e führen, der dem Weg'weiser den

---

1 Voyez page 3; note 2.

Mant'el geliehen hat'te. Der gut'herz'ige Greis that, als er den Offizier erblick'te, einen laut'en Schrei: ,,O Gott'! das ist ja mein Sohn Rudolf!'' rief er, eilte auf ihn zu und um-faß'te ihn mit beid'en Arm'en.

Rudolf hat'te vor mehrer'en Jahr'en Soldat wer'den müss'en, und war wegen seiner vorzüglich'en Geist'esgaben, wegen sei-ner Recht'schaff'enheit und Tapf'erkeit Offizier geword'en. Er hörte nichts mehr von seinem Vater, der vor'mals in einem an'gesehen'en Markt'fleck'en Schmied'emeister gewesen war. Allein der Sohn hat'te den alt'en Mant'el erkannt', und aus der Erzäh'lung des Weg'weisers sich überzeugt, daß sein Vater nunmehr in diesem Dorf'e sich auf'halte.

Vater und Sohn weinten vor Freud'en, und all'e Leute, die umher stand'en, weinten mit. Rudolf blieb die ganz'e Nacht' hindurch' bei seinem Vater, unterred'ete sich mit ihm bis an den früh'en Morg'en, gab ihm, bevor er weiter ritt', viel Geld', und versprach ihm, daß es ihm fern'erhin an nichts fehlen soll'e.

Die Leute aber sagten: ,,Weil der al'te Mann' so barm-herz'ig war, so hat sich Gott' auch über ihn erbarmt', und ihm seinen Sohn wied'erfinden lass'en, der ihn aus all'er Noth errett'et.''

6. EXERCICES SUR LA DÉCLINAISON DU SUBSTANTIF.

Das Hünd'chen.

Ein Fräulein, mit Namen Karoline, ging' einst an dem Ufer eines Fluss'es spazieren. Sie begegnete hier einigen bös'en Knab'en, die ein Hünd'chen ertränk'en woll'ten; sie hat'te Mit'leid mit' dem arm'en Thiere, kaufte es und nahm es mit' sich auf das Schloß'.

Das Hünd'chen hat'te bald' mit seiner neu'en Gebieterin Bekannt'schaft gemacht' und verließ sie keinen Aug'enblick' mehr. Eines Abends, als sie sich zu Bett'e legen woll'te, *fing' das Hünd'chen plötz'lich *an' zu bell'en. Karoline nahm das Licht', sah unt'er das Bett' und erblick'te einen Mensch'en von fürcht'erlichem Aus'sehen, der sich hier versteckt' hat'te. Es war ein Dieb.

Karoline rief um Hülf'e und all'e Bewohner des Schloss'es *eilten auf ihr Geschrei *herbei'. Sie ergriff'en den Räuber und überlief'erten ihn der Gerecht'igkeit. Er gestand' in seinem Verhör, daß es seine Ab'sicht gewesen wä're, das Fräulein zu ermord'en und das Schloß' zu plünd'ern.

Karoline dank'te dem Himm'el, daß er sie so glück'lich gerett'et habe, und sagte : „Niemand hät'te geglaubt, daß' das arm'e Thierchen, dem ich das Leben geret'tet habe, mir auch das meinige rett'en würd'e."

Der Gärt'ner und sein Esel.

Ein Gärt'ner woll'te in' die Stadt' auf den Markt' gehen, und *lud seinem Esel so viel Gemüse *auf, daß man von dem arm'en Thiere beinah'e nichts mehr sah, als den Kopf'.

Der Weg führte durch ein Weid'engebüsch'. Der Gärt'ner *schnitt' von den Weiden einige Büsch'el zu Bind'ruthen *ab'. „Eine so kleine Bürd'e kann' der Esel schon noch' tragen," sagte der Gärt'ner, und *lud sie ihm *auf.

Weiterhin' kam ein Has'elgesträuch. Der Gärt'ner *suchte sich ein Paar Dutz'end schlank'e Steck'en zu Blum'enstä'ben *aus. „Sie sind so leicht, daß sie der Esel kaum spürt," sagte er, und *lud auch sie ihm *auf.

Unterdess'en war die Sonn'e höher gestiegen, und schien bereits sehr heiß. Der Gärt'ner *zog daher' seinen Rock' *aus, und warf' ihn auf die übrige Last'. „Es ist nicht mehr weit zur Stadt', sag'te er; an' dem Kitt'el, den ich mit dem kleinen Fing'er heben kann, wird das Thier nicht erliegen."

Allein' kaum hat'te er dies gesagt, so stolp'erte der Esel über einen Stein, fiel zu Boden, und *stand', von der zu schwe'ren Last' erdrückt', nicht mehr *auf.

Da klagte der erschrock'ene Gärt'ner laut jamm'ernd : „Jetzt *seh' ich zu meinem großen Schaden *ein, daß man Mensch'en und Thieren nicht zu viel auf'bürden soll.‟

7. EXERCICES SUR LA DÉCLINAISON DES SUBSTANTIFS.

(Formes exceptionnelles.)

Die Schafe.

Ein alt'er, verständ'iger und recht'schaff'ener Schä'fer hat'te mehrere Söhne und Töch'ter. Diese woll'ten einst auf den Jahr'markt' in die Städt' gehen, um dort zu tanz'en. Der Vater aber sprach : „Das ist nichts' für euch. Ich suchte euch bisher' imm'er vor dem Verderb'nisse der Sitt'en rein zu bewahren; allein' dort' könn'tet ihr leicht verdorb'en wer'den.‟ Die Kind'er sagten : „Ei, And'ere gehen ja auch dahin'!‟

Der Vater sprach hierauf' : „Es ging'en schon Viele dahin', und *büßten Gesund'heit und Leben, Ehre und Un'schuld *ein. Woll'tet ihr ihnen es deß'halb nach'thun? Macht' es doch nicht wie die Schafe. Ihr wißt', wenn' eines in den Ab'grund springt', *spring'en die and'ern all'e *nach. Ihr nennt' sie deß'halb dumm'e Thiere. Allein' der Mensch', der sich in das Verderb'en stürzt', weil And'ere es auch so mach'en, ist um nichts' klüger.‟

Der Schuh'nagel.

Der fleißige Nag'elschmied Ohn'erast' saß den ganz'en Tag in seiner Werk'stätte, und hämm'erte, daß die Funk'en umher' sprühten.

Der Sohn seines reichen Nach'barn, des Herrn' von Berg², *kam täg'lich *herüb'er, und *sah ihm oft' Stund'en lang' *zu.

1. Nom propre ; littér. Sansreldche.
2. Nom propre ; littér. du Mont.

„Lern'en Sie zum Zeit vertreib auch einen Nagel mach'en, jung'er Herr', sagte einst der Nag'elschmied, denn wer weiß, wozu dies ein'mal gut ist!"

Der müßige jung'e Herr' ließ sich das gefall'en. Er setz'te sich lach'end an den Am'bos, und erwarb' sich bald die Geschick'lichkeit, daß er einen guten, brauch'baren Schuh'nagel zu Stand'e brin'gen konn'te.

Der alt'e Herr' von Berg' starb'; der Sohn aber verlor durch' den Krieg seine Güter, und kam als ein arm'er Aus'wand'erer in ein weit entfernt'es Dorf. In diesem Dorf'e lebten mehrere Schuh'mach'er, die viel Geld' für Schuh'nä'gel in die Stadt' trugen, und sie oft für ihr theures Geld' nicht zu bekomm'en wuß'ten. Denn in der ganz'en Gegend wurd'en viele tausend Schuhe und Stiefeln für die Soldaten gefert'igt.

Der jung'e Herr' von Berg', dem es sehr elend ging', besann' sich nun, daß er die Kunst', Schuh'nä'gel zu mach'en, recht gut verstehe. Er erbot sich, den Schuh'mach'ern Nä'gel in Meng'e zu liefern, wenn sie ihm behülf'lich sein woll'ten, eine Werk'stätt'e zu erricht'en. Sie half'en ihm dazu', und nun er'nähr'te er sich sehr reichlich.

„Es ist doch gut, sagte er oft, wenn man auch nur einen Schuh'nagel mach'en kann. Das thut mir jetzt' mehr Dienste, als mein Land'gut, das mir nicht für hund'ert tausend Guld'en feil gewesen wä're."

8. EXERCICES SUR LA DÉCLINAISON DES ADJECTIFS.

Die drei best'en Bücher.

Ein fromm'er Greis, der in einer arm'en, ein'samen Hütt'e lebte, hat'te eine so große Weis'heit und Ein'sicht, daß er Jed'ermann guten Rath und heilsame Lehren zu ertheilen wuß'te.

Ein gelehrter Mann', der ihn besuchte, verwund'erte sich

über seine weisen Reden und sprach zu ihm: „Woher kommt
dir diese Weisheit? Ich sehe in deiner Hütte ja keine Büchersammlung, aus der du so viel Gutes und Schönes
hätt'est lern'en könn'en.‟

Der Greis sprach: „Und doch habe ich die drei best'en
Bücher, die es gibt, und lese täglich darin. Diese Bücher
sind: Die Werk'e Gott'es über mir und rings um' mich her,
das Gewiss'en in meinem Inn'ersten, und die heilige
Schrift.

„Die Werk'e Gottes, Himm'el und Erde, sind wie ein
großes Buch vor uns *aufgeschlagen; sie verkünd'en uns die
All'macht, Weisheit und Güte des himm'lischen Vaters.

„Mein Gewiss'en sagt mir, was' ich zu thun und zu
lass'en habe.

„Die heilige Schrift' aber, dieses Buch all'er Bücher,
lehrt uns, wie Gott' sich, *von Erschaff'ung der Welt' *an,
den Mensch'en geoff'enbart, und wie der Sohn' Gott'es, uns'er
Herr' und Heiland Jesus Christ'us, in diese Welt' gekomm'en,
und was' er geböten und verheißen, gethan und gelitt'en hat,
um'ans heilig und selig zu mach'en.‟

Der Geld'beutel.

Nor'bert[1], ein arm'er Köhl'erknabe, saß unt'er einem
Baume im Wald'e, und jamm'erte, weinte und betete laut.
Ein vor'nehmer Herr' in einem grünen Kleide und mit einem
Stern' an der Brust', jagte eben im Wald'e, trat zu ihm und
sprach: „Kleiner, warum' weinst du?‟

„Ach‟, sagte Nor'bert, meine Mutt'er war lang'e krank,
und da hat mich mein Vater in die Stadt' geschickt', den Apotheker zu bezahlen, und ich habe das Geld' sammt dem Beutelein unterwegs' verloren.‟

Der Herr' redete heimlich mit dem Jä'ger, der ihn beglei-

1. Nom propre.

tete, *zog dann einen kleinen Beutel von rother Seide *heraus',
in dem einige neue Gold'stück'e waren, und sprach : „Ist
dieses vielleicht dein Geld'beut'elchen?" — „O nein, sagte
Nor'bert, das meinige war nur ganz gering', auch war kein so
schönes Gold' darin'."

„So wird' es wohl dieses sein?" sagte der Jä'ger, und zog
ein un'ansehnliches ledernes Beutelein aus der Tasch'e. „Ach'
ja, rief Nor'bert voll Freude, dieses ist es!" Der Jä'ger gab
es ihm. Der vor'nehme Herr' aber sprach : „Weil du so
herz'lich gebetet hast und so ehrlich bist, so schenk'e ich dir
diesen Beutel mit Gold' noch dazu'."

9. EXERCICES SUR LA FORMATION DU COMPARATIF ET DU SUPERLATIF.

Der schönst'e Stern'.

„Sieh doch, Schwest'er, wie hell' und schön der Ab'endstern' glänzt'! sagte Max'. Er ist doch der schönste Stern' am
ganz'en Himm'el." — „Er ist sehr schön, sagte Luise; aber
der freundliche Morg'enstern' ist doch noch viel schöner und
glänz'ender." — Sie *fing'en *an zu streiten, und brach'ten
ihren Streit vor den Va'ter. Der Vater sprach : „O ihr un'-
wiss'enden Kind'er, was redet ihr da von zwei'erlei Stern'en!
Eben dieser näm'liche schöne Stern' da heißt Morg'enstern,
wenn er Morg'ens, und Ab'endstern', wenn er Abends am
Himm'el steht."-

Die Mutt'er sagte : „In einem Sinn'e mag Luise doch
Recht' haben. Der freundliche Stern' leuchtet zwar sowohl' am
Morg'en als am Abend mit gleich hell'em Glänz'e; allein' am
frühen Morg'en sind wir heiterer und fröhlicher als am spä'ten
Abend; und da ist es denn sehr natürlich, daß der Morg'enstern'
uns schöner vor'komme, als der Ab'endstern'."

Karl' V.

Karl' der Fünf'te von Frank'reich' (1364—80) hörte nie eine Schmeichelei' ohne Wid'erwill'en, selbst wenn er wirk'lich die größten Lob'sprüch'e verdiente. „Er hegte, sagt Mezeray, die tiefste Veracht'ung' dageg'en, weil Nied'erträcht'ige von je'her' es den schlecht'esten Fürst'en so gut, als den best'en, ertheilt haben.“ Wie wahr dieses Ur'theil sei, kann die römische Geschicht'e durch die un'geheuren Lob'sprüch'e bezeugen, die der Senat von Rom an seine Cäsarn, die verderbt'esten und nichts'würd'igsten all'er Menschen, weg'warf.

10. EXERCICES SUR LES PRONOMS ET LES ADJECTIFS DÉTERMINATIFS.

Die Sonn'e.

Eines Abends, da es bereits dunk'el war, kam eine fleißige Mutt'er mit ihren zwei Kind'ern von der Feld'arbeit nach Hause. Sieh! da stand' auf dem Tisch'e ein brenn'endes Licht'.

Georg' rief erstaunt: Es war doch kein Mensch' zu Hause; wer' hat denn das Licht' an'gezündet?

„Ei, sagte Gretchen, wer' and'ers, als der Vater. Gewiß' ist er indeß' aus der Stadt' nach Hause gekomm'en.“

Die Kind'er such'ten ihn, und fand'en ihn zu ihrer großen Freude sogleich' in der näch'sten Kamm'er.

Am folg'enden Tage *rech'eten Elt'ern und Kind'er auf ihrer großen Wiese Heu *auf. Die Sonn'e schien un'gemein hell und schön', und die Kind'er bezeigten darüb'er ihre Freude.

„Nun, Kind'er, sprach der Vater, ihr habt gest'ern sogleich' errathen, daß ich' das Licht in uns'erer Stube *an'gezündet habe; wenn ihr nun aber dieses schöne, herr'liche Licht' da proben am Himm'el, die liebe Sonn'e, betracht'et, soll'te euch nicht ein'fallen, wer' es *an'gezündet habe?“

„O, ja wohl, sagte Gretchen, das hat der liebe Gott'

gethan. Das kleinste Licht'lein zünd'et sich ja nicht von selbst
'an; es muß al'so auch Einer sein, der die Sonn'e 'an'gezündet
hat.

„So ist es! rief Georg' freudig. Gott hat Alles gemacht!
Sonn'e, Mond und Stern'e, Gras, Blumen und Bäume
und All'es, was wir um uns her erblick'en, ist sein Werk!''

Das Schloß und die Hütt'e.

Fräulein Ger'trud wohnte in einem prächt'igen Schloss'e,
und 'bild'ete sich auf ihren vor'nehmen Stand' nicht wenig 'ein.

Eines Tages kam Maria, die Tocht'er eines arm'en May'-
ers, zu ihr, und sprach : „Mein Vater, der tod'krank ist,
läßt Sie bitt'en, zu ihm zu komm'en; er hat Ihnen et'was
Wicht'iges zu sagen.''

Das Fräulein ant'wortete spött'isch : „Das mag wohl
et'was Wicht'iges sein, was ein so arm'er Mann' mit mir zu
reden hat! Geh, ich habe in deiner elenden Hütt'e nichts zu
thun.''

Ueber eine Weile 'kam Maria 'wieder, und rief fast außer
Athem : „O liebes Fräulein, komm'en Sie doch geschwind!
Ihre selige Mutt'er hat' wäh'rend des Krieges eine Meng'e
Gold' und Silb'er 'ein'mauern lass'en, und meinem Vater
befohlen, den Ort' keinem Mensch'en zu sagen, als Ihnen,
wenn Sie einmal' zwanz'ig Jahre alt wä'ren! Jetzt ist er aber
dem Tode nahe, und kann nicht mehr so lang'e wart'en.''

Fräulein Ger'trud eilte nun, so sehr sie konn'te; als sie
aber in' die Stube trat, war der gute Mann' bereits ver-
schieden.

Sie kam vor Schrecken und Aerg'er fast' von Sinn'en; ließ
bald da, bald dort im Schloss'e die Mauern auf'brechen; fand
aber nicht das Gering'ste von einem Schatz'e.

O wie bereute sie es nun, daß sie durch ihren Stolz' einen so
redlichen Mann' noch in seinem letz'ten Aug'enblick'e betrübt,
und sich selbst' um einen großen Reich'thum gebracht' hat'te!

Obwohl diese Neue zum Theil nur aus Eig'ennuß her kam,
und deß halb nicht viel werth war, so sah sie doch die Wahrheit der Wort'e ein.

Ein stolzer Sinn, ein hart'es Herz
Bereitet sich und And'ern Schmerz.

II. EXERCICES SUR LES NOMS DE NOMBRE.

Die Pflaumen.

Die Frau von Hald'en[1] besuchte einmal mit ihren vier
Kind'ern den Groß'vater in seinem schönen Gart'en. Der
Groß'vater brach'te auf einem Reb'enblatt'e vier Pflaumen,
die gelb wie Gold, und so groß, wie Eier, waren. Er bedauerte, daß noch nicht mehr reif seien. „Ihr mögt indeß
selbst zu'sehen, sprach er im Scherz'e, wie ihr vier Pflaumen
unt'er fünf Personen aus'theilt, ohne daß in' der Rech'nung
ein Bruch' vor'kommt.“

„O, das will ich,“ sagte Lot'te, die ält'este Tocht'er; „nur
bitt'e ich mir *aus, daß ich gleich- und un'gleichbenannt'e[2]
Zahlen? ein wenig unt'er einand'er meng'en darf.“

Sie nahm die 4 Pflaumen und sprach: „Wir 2 Schwest'-
ern und 1 Pflaume mach'en zusamm'en 3; meine 2 Brüder
und 1 Pflaume mach'en auch 3; diese 2 Pflaumen und 1
Mutt'er sind zusamm'en ab'ermal 3. So ist All'es gerade und
ohne Bruch' getheilt.

Lott'ens Geschwist'er waren mit dieser Theilung sehr zufrieden. Die erfreute Mutt'er aber bestand' darauf, jedes der
Kind'er soll'e eine Pflaume bekomm'en, und der Groß'vater
brach'te Lott'en noch überdies' einen schönen Blum'enstrauß.

„Denn, sagte er, Lott'chens sinn'reiche Rech'nung macht'
ihrem Witz'e sehr viel, ihrem kind'lichen, Herz'en aber noch
mehr Ehre.“

1. Halden, nom propre.
2. Diller des noms également et inégalement dénommés, c'est-à-dire des
nombres à dénominateur différent.

Die köst'lichsten Gewürz'e.

Ein Prinz' wurd'e auf einem Spazier'gäng' von einem Platz'regen überfall'en, und flücht'ete sich in' die näch'ste Bau'ernhütt'e.

Die Kind'er saßen eben bei Tisch'e, und vor ihnen stand' eine große Schüss'el voll Hab'ermuß'. All'e ließen sich's recht gut schmeck'en, und sahen dabei so frisch und roth aus, wie die Rosen.

„Aber wie ist' es doch möglich, sagte der Prinz' zur Mut'= ter, daß man eine so grobe Speise mit so sicht'barer Lust' verzeh'ren, und dabei' so gesund' und blühend aus'sehen kann?‟

Die Mutt'er ant'wortete : „Das kommt von drei'erlei Ge= würz'en her', die ich an die Speise thue. Erstens lass'e ich die Kind'er ihr Mit'tagess'en durch Ar'beit verdienen. Zweitens gebe ich ihnen außer der Tisch'zeit nichts' zu ess'en, damit' sie Hung'e r mit zu Tisch'e bring'en. Dritt'ens gewöhne ich sie zur Genüg'samkeit, indem' ich sie mit Leck'erbiss'en und Näscherei'en gar nicht bekannt' mach'e.‟

Das Kloster San=Loren'zo[1].

Das Kloster San=Loren'zo wird für das acht'e Wund'er= werk' der Welt' gehalt'en. Dieses herr'liche Gebäude bild'et ein Vier'eck', wovon' jede Seite 250 Schritt'e lang ist. Man zählt' darin' 40,000 Fenst'er, 8,000 Thüren, 22 Höfe und verschiedene Kirch'en. Die Haupt'kirch'e enthält' 48 Kapel'= len, eben so viel Altä're, und 8 Org'eln, wovon' eine ganz von Silb'er ist. 200 Mönch'e bewohnen das Kloster.

Einst zeigte der Vor'steher des Klosters dieses herr'liche

---

1. *Le couvent de Saint-Laurent* est dans la province de Ségovie, non loin de Madrid.

Gebäude einem Franzosen, und sagte ihm, daß Phil'ipp II
es habe erbauen lass'en, um das Gelübde zu erfüll'en, das er
am Tage der Schlacht' bei Saint=Quentin (den 10. August'
1557) that, im Fall' er siegte. ,,Herr' Vater,'' sagte der
Franzose, indem' er den weiten Um'fang dieses Gebäudes be=
wund'erte, ,,dieser König muß' eine große Furcht' gehabt ha=
ben, da er ein so großes Gelübde that.''

12. EXERCICES SUR LES ADVERBES.

Der Birn'baum.

Der alt'e Ro'bert saß im Schat'ten des großen Birn'baums
vor seinem Hause. Seine Enk'el aßen von den Birn'en, und
konn'ten die süßen Frücht'e nicht genug loben.

Da sagte der Groß'vater : ,,Ich muß' euch doch erzäh'len,
wie der Baum hierher' kam. Vor mehr als fünfzig Jahren
stand' ich einmal hier, wo da'mals ein lee'rer Raum war,
und wo jetzt' der Baum steht, und klagte dem reichen Nach'=
'barn meine Ar'muth. Ach', sagte ich, ich woll'te gern zufrie=
den sein, wenn' ich mein Vermögen nur auf hund'ert Thaler
bring'en könn'te.''

Der Nach'bar, der ein kluger Mann' war, sprach : ,,Das'
kannst' du leicht, wenn du es recht' *an'zufangen weißt. Sieh,
hier auf dem Plätz'chen, wo du stehst, sind mehr als hund'ert
Thaler in dem Boden versteckt'. Mach'e nur, daß du sie her=
aus'bringst.''

,,Ich war da'mals noch ein un'verständ'iger jung'er Mensch',
und grub in der folg'enden Nacht' ein großes Loch' in den
Boden, fand' aber zu meinem Verdruß' keinen einzigen
Thaler.

,,Als der Nach'bar am Morg'en das Loch' sah, lach'te er,
daß er sich beide Seiten hielt und sagte ,,,,O du ein'fält'iger
Mensch', so war' es nicht gemeint! Ich will dir aber einen
jung'en Birn'stamm schenk'en. Den setz'e in das Loch', das du

gemacht' hast, und nach einigen Jahren werden die Thaler
schon zum Vor'schein komm'en.''

„Ich setz'te den jung'en Stamm' in die Er'de. Er wuchs,
und wurd'e der große herr'liche Baum, den ihr hier vor Augen
seht. Die köst'lichen Frücht'e, die er nun seit vielen Jahren
her getragen hat, *brach'ten mir schon weit mehr als hund'ert
Thaler *ein, und noch imm'er ist er ein Capital, das reichliche
Zins'en trägt.

Der Pil'ger.

In einem prächt'igen Schloss'e, von dem schon längst kein
Stein mehr auf dem and'ern geblieben ist, lebte einst ein sehr
reicher Ritt'er. Er sparte kein Geld', wenn es sich darum'
hand'elte, sein Schloß' zu verschönern; den Arm'en aber that
er wenig Gutes.

Da kam einmal' ein arm'er Pilg'er in das Schloß', und
bat den Ritt'er flehentlich ihn über Nacht' zu beher'bergen. Der
Ritt'er aber sprach : „Geht weiter, dieses Schloß' ist kein
Gast'haus'.'' — Der Pilg'er sagte darauf : „Erlaubt mir
nur drei Fragen, so will ich weiter gehen.'' — „Sehr gern,''
versetz'te der Ritt'er.

„Wer wohnte vor euch in diesem Schloss'e?'' fragte der
Pilg'er. — „Mein Vater.'' — „Wer wohnte vor eurem
Vater darin'?'' — „Mein Groß'vater.'' — „Und wer wird
wohl nach euch darin' wohnen?'' — „So Gott' will, mein
Sohn.''

„Nun,'' sprach der Pilg'er, „wenn Jeder nur seine Zeit in
diesem Schloss'e wohnt, und imm'er einer dem and'ern Platz'
macht', was seid ihr denn and'ers hier als Gäst'e? Dieses
Schloß' ist al'so wirk'lich ein Gast'haus. Verwend'et daher
nicht so viel Geld' auf dieses Haus; thut lieber den Arm'en
Gutes, so bauet ihr euch eine bleibende Wohnung im
Himm'el.''

Der Ritt'er nahm diese Wort'e zu Herz'en, gewähr'te dem Pilg'er seine Bitt'e, und zeigte sich fortan' wohl'thä'tiger gegen die Arm'en.

13. EXERCICES SUR LES PRÉPOSITIONS.

Die Quell'e.

An' einem heißen Somm'ertage ging' der kleine Wil'helm über Feld'. Seine Wang'en glühten vor Hitz'e, und er lechz'te vor Durst'. Da kam er zu einer Quell'e, die im' Schatt'en einer Eiche, hell wie Silb'er, aus einem Fels'en hervor'brach.

Wil'helm hat'te wohl gehört, man soll'e nicht trink'en, wenn man erhitzt' ist. Allein', selbst'klug, veracht'ete er diese War= nung, folg'te nur seiner Begierde, trank' von dem eis'kalt'en Wass'er, und — sank' wie ohn'mächt'ig zur Er'de, kam krank' nach Hause, und verfiel in ein gefähr'liches Fieber.

,,Ach!'' seufzte er auf seinem Krank'enbett'e, ,,wer' hät'te es jener Quell'e *an'gesehen, daß sie ein so schäd'liches Gift' enthält'!''

Allein' Wil'helms Vater sprach : ,,Nicht' die reine Quell'e ist an deiner Krank'heit schuld'; sond'ern einzig dein Eig'en= dünk'el und deine Un'enthalt'samkeit.''

Die Emm'erlinge.

Zwei Kind'er aus dem Dorf'e ging'en zur hart'en Wint'ers= zeit nach der Mühle, und jedes trug ein Säck'lein Korn' auf dem Kopf'e. Als sie an dem Gart'en des Müll'ers vorbei' ka= men, erblick'ten sie einige Emm'erlinge, die hung'rig auf der bereiften Heck'e saßen. Die kleine Ber'tha hat'te herz'liches Mit'leid mit den kleinen, gelb'en Vögelein. Sie öff'nete den Sack', und *streute ihnen ein paar Händ'chen voll Körn'er *hin.

Robert, ihr Bruder, zank'te mit ihr, und sagte : ,,Du gut'= herz'ige Thörin! Wart'e nur, du wirst gewiß' weniger Mehl bekomm'en, und dann wer'den uns're Elt'ern dich deß'halb bestrafen.''

Ver'tha erschrak, und sagte : ,,Ich hät'te das vielleicht' nicht thun soll'en. Indeß'en wer'den uns're guten Elt'ern mir meine Gut'herz'igkeit nicht übel nehmen, und Gott' kann uns ja auf eine and'ere Weise dafür' segnen.''

Als die zwei Kind'er wieder in die Mühle kamen, das Mehl ab'zuholen, siehe! da war in dem Sack'e der mit'leidigen Ver'tha noch ein'mal so viel Mehl als in Roberts Sack'e. Robert er=staun'te, und Ver'tha war sehr geneigt, dies für ein Wund'er an'zusehen.

Allein' der wack'ere Müll'er, der das Gespräch' der Kind'er an der Heck'e gehört hat'te, sagte zu Ver'tha : ,,Dein mit'leidi=ges Herz' gegen die hung'rigen Vögelein hat mir so wohl ge=fall'en, daß ich dir dopp'elt maß. Obwohl' aber ich das Mehl in den Sack' that, so darfst' du es den'noch als einen Segen betracht'en, den dir Gott' beschert' hat, deine Gut'herz'igkeit zu belohnen.''

14. EXERCICES SUR LA CONSTRUCTION ET SUR L'EMPLOI DES CONJONCTIONS.

Die Schwalb'en.

Als im Frühling die Schwalb'en zurückkehr'ten, und in dem Haus'gang' eines Land'manns' mit frohem Gezwitsch'er ihr alt'es Nest' wieder in Besitz' nahmen, sagte er zu seinen Kind'ern : ,,Thut mir ja' den guten Vögelein nichts zu leid. Wer' die Schwalb'en von seiner Tenn'e vertreibt, der' verscheucht' das Glück' von seinem Hause. Der Nach'bar hat das Schwalb'en=nest' vor seinem Fenst'er zerstört, und die Eier zertreten — und von der Zeit an *geht es mit seinem Haus'wesen *zurück', und er geräth' ins Verderb'en.''

Der kleine Christ'ian fragte den Vater, wie denn das zu ver=stehen sei. Der Vater ant'wortete : ,,Der Nach'b'r hat die fromm'er einfachen Sitt'en seiner Vä'ter verlass'en. Seine Vor'elt'ern und Elt'ern haben die un'schäd'lichen, ja vielmehr' nütz'lichen Schwalb'en mit mild'er Schonung geduld'et, und sich von den munt'ern geschwätz'igen Vögeln am frühen Morg'en gern zur Ar'beit weck'en lass'en. Allein' der Nach'bar, der gegen Mensch'en und Thiere hart'herz'ig war, und halb'e Nächt'e im Wirths'haus'e saß, verträumte lieber die schönen Morg'en=stund'en; und weil ihn die Schwalb'en in seinem Morg'enschlafe störten, so vertilg'te er ihr Nest'. Der un'freundliche, faule und verschwend'erische Mann' vertrieb so mit den Schwalb'en zu=gleich' Glück' und Segen von seinem Hause.‘‘

Der Hirt'enknabe.

Es war einmal' ein Hirt'enknabe, der war wegen seiner weisen Ant'worten, die er auf all'e Fragen gab, weit und breit berühmt. Der König hörte auch davon', glaubte es nicht, und ließ den Knaben komm'en. Da sprach er zu ihm : „Kannst' du mir auf drei Fragen, die ich dir vor'legen will, Ant'wort geben, so will' ich dich an'sehen wie mein eigenes Kind'; und du sollst bei mir in meinem königlichen Schloss'e wohnen.‘‘ Sprach der Knabe : „Wie lauten die drei Fragen?‘‘ Der König sagte: „Die erste lautet : Wie viel Tropf'en Wass'er sind in dem Welt'meer'?‘‘ Der Hirt'enknabe ant'wortete : „Herr' König, laßt' all'e Flüss'e auf der Er'de verstopf'en, damit' kein Tropf'en mehr daraus' ins Meer' fließt, den ich nicht erst gezählt' habe, so will' ich euch sagen, wie viel Tropf'en im Mee're sind.‘‘ Sprach der König : „Die and'ere Frage lautet : Wie viel Stern'e stehen am Himm'el?‘‘ Der Knabe sagte : „Gebt mir einen großen Bogen weiß Papier,‘‘ und dann machte er mit der Feder so viel feine Punkt'e darauf', daß sie kaum zu sehen und nicht zu zäh'len waren. Darauf' sprach er : „So viel Stern'e stehen am Himm'el, als hier Punkt'e auf dem Papier; zählt' sie nur.‘‘ Aber Niemand war es im Stand'e. Sprach der Kö=nig : „Die dritt'e Frage lautet : Wie viel Secund'en hat die

Ewigkeit?'' Da sagte der Hirt'enknabe : ,,In Pomm'ern liegt der De'mantberg', der hat eine Stund'e in die Höhe, eine Stund'e in die Breite und eine Stund'e in die Tiefe; dahin' kommt all'e hund'ert Jahre ein Vögelein und wetzt' sein Schnäb= lein daran', und wenn der ganz'e Berg' ab'gewetzt ist, dann ist die erste Secund'e der Ewigkeit vorbei'.''

Sprach der König : ,,Du hast die drei Fragen auf'gelös't, wie ein Weiser, und sollst fortan' bei mir in meinem königlichen Schloss'e wohnen, und ich will dich an'sehen wie mein eigenes Kind'.''

<h2>15. EXERCICE SUR L'APPOSITION.</h2>

<h3>Gesund'heit ist ein großer Schatz'.</h3>

Hein'rich mach'te eine Fuß'reise und kam matt und müde bei einem Wirth'shause an', wo er sich einen Krug Bier und ein Stück' schwarz'es Brod geben ließ.

Kurz darauf *kam ein schöner Wagen *an', in dem ein rei= cher Mann' saß, der sich ein Stück' kalt'en Braten und eine Flasch'e Wein reichen ließ, das er in seinem Wagen verzehr'te.

Hein'rich *sah ihm neidisch *zu und dach'te : ,, Wer' es doch auch so gut hät'te!''

Der Reiche merk'te es und sagte zu ihm : ,,Hät'test du wohl Lust' mit mir zu tauschen?''

,,Das versteht sich,'' ant'wortete Hein'rich, ,,*steige der Herr' *heraus', und gebe mir all'es was er hat, ich will ihm auch all'es geben was ich' habe.''

Sogleich' befahl der Reiche seinen Bedienten, daß sie ihn aus dem Wagen heben soll'ten. Gott'! welcher An'blick! seine Füße waren gelähmt': er konn'te nicht stehen, sond'ern muß'te sich von seinen Bedienten so lang'e halt'en lass'en, bis er sich auf ein Paar Krück'en stütz'en konn'te. ,,He!'' fragte er, ,,hast du noch Lust', mit mir zu tauschen?''

,,Bei Gott' nicht!'' ant'wortete der erschrock'ne Hein'rich. ,,Meine Beine sind mir lieber als tausend Pfer'd'efüße. Ich

will lieber ein Stück' Brod ess'en und ein Glas Bier oder
Wass'er trink'en, als eine Flasch'e Wein und ein Gericht' Braten haben, und mich wie ein kleines Kind' von and'ern umher'=
führen lass'en. Gott' behüt' euch!"

„Hast Recht'!" rief der Reiche. „Könn'test du mir deine
gesund'en Schenk'el geben, du soll'test meinen Wagen, meine
Pfer'de, mein Geld', All'es dafür haben! Ein gesund'er arm'er
Mann' ist glück'licher als ein reicher Krüpp'el."

16. EXERCICES SUR LES VERBES FORTS ET IRRÉGULIERS.

Die Sing'vögel.

Ein freund'liches Dörf'lein war von einem ganz'en Wald'e
frucht'barer Bäume umgeb'en. Die Bäume blühten und duft'e=
ten im Frühling auf das lieblichste. Auf ihren Aest'en und in'
den Heck'en umher' sang'en und nist'eten allerlei' munt'ere
Vögel. Im Herbst' aber waren all'e Zweige reichlich mit
Aepf'eln, Birn'en und Zwetsch'en beladen.

Da *fing'en einmal' einige böse Buken *an', die Nest'er aus'=
zunehmen und zu zerstören. Die Vögel wurd'en dadurch' ver=
scheucht, und *zogen nach und nach ganz aus der Gegend *hin=
weg'. Man hörte in den Gärt'en und auf der Flur kein
Vögelein mehr sing'en. All'es war ganz still und traurig. Die
schäd'lichen Raupen aber, die sonst von den Vögeln hinweg'
gefang'en wurd'en, nahmen überhand', und *fraßen Blätt'er
und Blüthen *ab'. Die Bäume stand'en kahl da, wie mitt'en im
Wint'er, und die bösen Buben, die sonst köst'liches Obst in
Ueb'erfluß zu verzeh'ren hat'ten, bekamen nicht' einen Apf'el
mehr zu ess'en.

Der Hirsch'.

Hubert war noch ein un'münd'iger Knabe, als sein guter
Vater, ein Jä'ger, tief im Wald'e von einem un'bekannt'en

Wild'schütz'en erschoss'en wurd'e. Die Mutt'er erzog den vat'er=
los'en Knaben, so gut sie konn'te, und nach zwan'zig Jahren,
nachdem' er ein treff'licher Forst'mann geword'en war, erhielt
er den vä'terlichen Dienst.

Eines Tages jagte nun Hubert mit mehreren Jä'gern und
Jagd'freund'en in dem Wald'e. Er schoß' nach einem großen
Hirsch'e, fehlte, und in dem Gebüsch'e rief eine kläg'liche
Stimm'e: „O Gott', ich bin getroff'en!" Hubert eilte hin'
und — sieh! ein alt'er Mann' wand sich win'selnd und röch'elnd
in seinem Blute. Die ganz'e Jagd'gesell'schaft versamm'elte sich
um den Sterb'enden. Hubert aber *kniete vor ihm *nieder, um=
fing' ihn, bat ihn laut jamm'ernd um Vergebung, und betheu=
erte, daß er ihn nicht wahr'genommen habe.

Allein' der Sterb'ende sagte: „Du hast mir nichts ab'zubitten.
Was bisher' kein Mensch' wuß'te, will ich jetzt off'enbaren. Ich
bin jener Wild'schütz', der deinen Vater erschoss'en hat. Gerade
hier unt'er dieser alt'en Eiche tränk'te sein Blut weit umher'
den Boden, und nun muß'test du, der Sohn des Ermord'eten,
ohne Wiss'en und Will'en, an eben der Stell'e die Mord'that
an mir räch'en!"

„Gott' ist gerecht'!" seufzte er noch, indem' er verschied.
Ein Schauder drang' all'en Um'stehenden durch Mark' und
Bein, und einer von ihnen rief:

> „Es trifft', o Gott', dein Straf'gericht'
> Früh oder spät' den Bös'ewicht'."

Das Donn'erwett'er.

Franz', ein Knabe aus der Stadt', hat'te im Wald'e Him=
bee'ren gepflückt'. Als er wieder nach Hause gehen wollte,
erhob sich ein Sturm'wind'; es *fing' *an zu regnen, zu blitz'en
und zu donn'ern. Franz' fürch'tete sich sehr, und verkroch' sich
in eine hohle Eiche un'weit des Weges; denn er wuß'te nicht,
daß der Blitz' gern in hohe Bäume schlägt'.

Auf ein'mal hörte er eine Stimm'e, welch'e rief: „Franz'!

Franz'! Komm', o *komm' doch geschwind' *hervor'!" Franz'
*kroch' aus dem hohlen Baume *hervor', und bei'nahe in eben
dem Aug'enblick', schlug der Blitz' in den Baum, und der
Donn'er krach'te fürcht'erlich. Die Er'de bebte unt'er dem
erschrock'enen Knaben, und es war ihm, als stehe er ganz in
Feuer. Doch 'war ihm kein Leid geschehen, und er sagte und
betete mit auf'gehobenen Händ'en : „Die Stimm'e kam vom
Himm'el! Du lieber Gott', hast mich gerett'et! Dir sei Dank!"

Die Stimm'e rief aber noch einmal' : „Franz'! Franz'!
hörst du mich denn nicht?" und jetzt erst wurd'e er einer Bäue=
rin gewahr', die so rief. Franz *eilte auf sie *zu, und sprach :
„Da bin ich! Was wollt ihr von mir?"

Die Bäuerin aber ant'wortete : „Dich' habe ich nicht ge=
meint, sond'ern meinen kleinen Franz', welcher dort am Bach'e
die Gäns'e gehütet hat, und sich hier herum' vor dem Wett'er
versteckt' haben muß. Sieh, da *kommt er end'lich aus dem Ge=
büsch'e *hervor'!"

Franz', der Stadt'knabe, erzähl'te jetzt, wie er ihre Stimm'e
für eine Stimm'e vom Himme'l gehalt'en habe. Die Bäuerin
aber falt'ete an'dächt'ig die Händ'e, und sprach : „O mein Kind!
dank'e da'rum Gott' nicht weniger. Die Stimm'e ist zwar aus
dem Munde einer gering'en Bäuerin gekomm'en; aber Gott'
hat es so gefügt, daß ich laut rufen und dich beim Namen nenn'en
muß'te, ohne et'was von dir zu wiss'en. Er hat dich aus der
großen Gefahr errett'et, in der du geschwebt hast."

„Ja, ja!" sagte Franz' mit Thrä'nen in den Augen,
„Gott' hat sich eurer Stimm'e bedient, um mich zu rett'en. Ihr
habt zwar gerufen; aber die Hülf'e kam denn'och von Gott'."

17. EXERCICES SUR LES VERBES DÉRIVÉS ET COMPOSÉS.

Der Ack'er.

Die Hütt'e des arm'en Nik'las stand' auf einem Platz'e, der
ganz mit Dorn'büsch'en und Has'elstauden überwachs'en war.

An' einem heißen Tage, zur Zeit' der Ernt'e, lag Nik'las ein=
mal' im Schatt'en einer Has'elstaude. Ein Bauer fuhr mit
einem hoch'beladenen Wagen voll Korn' an ihm vorbei. Nik'las
sah den voll'en Wagen mit schelen Augen an', und grüßte den
Bauer kaum.

Der Bauer blieb stehen, und sagte zu Nik'las : „Wenn' du
von diesem wüsten Boden, der dein Eig'enthum ist, täg'lich nur
so viel um'arbeiten woll'test, als du mit deinem faulen Körp'er
bedeckst', so könntest du jähr'lich wohl mehr Korn' schneiden,
als du auf dem Wagen da siehst.‘‘

Dem Nik'las leuchtete der Rath ein'. Er reutete das Ge=
sträuch' und die Stauden aus', und bear'beitete den Boden.
So bekam er einen Ack'er, der ihm keinen Kreuzer kost'ete, und
ihn und die Seinigen reichlich ernähr'te.

Der Zieg'enbock'.

Eine vor'nehme Frau wohnte in einem schönen Hause vor
der Stadt'. Eines Morg'ens sprach sie zu ihrer Magd : „Ich
gehe jetzt' in die Kirch'e ! Wenn du über die Straße gehst, um
Wass'er zu holen, oder in den Gart'en, um Bohnen zu pflück'en,
schließ die Haus'thür zu. Ich habe dir das schon öft'ers befoh=
len, und erwarte, daß du mir doch end'lich einmal' gehorch'en
wirst'. Es könn'te sich sonst leicht Jemand in das Haus schleichen
und Schaden an'richten.‘‘

Die Frau ging', die Magd räumte die Zimm'er auf, ging'
dann zum Brunn'en, und ließ wieder all'e Thüren off'en stehen.
„Es ist die ganz'e Straße hinauf' und hinab' kein Mensch' zu
sehen,‘‘ sagte sie, und lachte über die all'zuängst'liche Sorg'falt
ihrer Frau. Allein' während sie mit einer and'ern Magd am
Brunn'en plauderte, lief ein Zieg'enbock' zur Haus'thür' hinein',
sprang' die Stiege hinauf', und kam in das Zimm'er der Frau.

Dort hing' in einem gold'enen Rahmen ein großer Spiegel,
der beinah'e bis zum Boden des Zimm'ers herab'reichte. Der

Bock' sah sich in dem Spiegel, meinte, es sei noch ein Bock' da, stutz'te, und droh'te ihm mit den Hörn'ern. Der Bock' im Spiegel mach'te es auch so. Da *sprang' der rech'te Bock' plötz'lich auf den ein'gebild'eten *los, und *stieß so gewalt'ig auf ihn *zu, daß der Spiegel in tausend Stück'e zerbrach.

Die Magd kam mit dem Waff'ereimer eben zur Haus'thüre herein', und hörte das Geklapp'er der Glas'scherb'en, lief eilends in das Zimm'er, sah das Un'glück, *schlug die Händ'e über dem Kopf'e *zusamm'en, und trieb den Bock' mit vielen Streichen aus dem Hause. — Allein' davon' wurd'e der Spiegel nicht mehr ganz'.

Als die Frau nach Hause kam, wurd'e die leicht'sinn'ige Magd wegen ihres Un'gehorsams fort'geschickt, und bekam zu einigem Ersatz' des an'gericht'eten Schadens keinen Lohn. In ihrem neuen Dienste durf'te man es ihr nicht mehr befehlen, die Thüren zu schließen.

Das wohl'an'gewend'ete Geld'.

Ein fleißiger Tisch'ler, der sehr viel Geld' verdiente, begnügte sich mit sehr ein'facher Kost', kleidete sich und die Seinigen nur schlecht' und recht', und vermied sorg'fältig alle üb'erflüss'igen Aus'gaben.

„Aber *wo thut ihr denn euer übriges Geld' *hin'¹, Mei= ster Schreiner?" sagte einmal' sein Nach'bar, ein Drechs'ler. Der Schreiner sprach: „Ich *zahle mit dem Geld'e theils Schuld'en *ab', theils *leihe ich es auf Zins'en *aus!" „Ei, rief der Drechs'ler, ihr scherzt'! Ihr habt weder Schuld'en zu bezahlen, noch irg'endwo ein Capital auf Zins'en aus'stehen."

„Es ist doch' so, sprach der Schreiner; laßt' euch die Sach'e nur erklä'ren. Seht, all das Geld', das meine guten Elt'ern, seit der Stund'e, in der' ich' das Tag'eslicht' erblick'te, auf mich verwend'et haben, *sehe ich als eine Schuld' *an', die ich zurück=

---

1. Remarquez que wohin, woher, etc., peuvent se séparer.

bezahlen muß'; das Geld' aber, das ich auf meine Kind'er ver=
wend'e, damit' sie et'was Recht'es lern'en, *sehe ich als ein Ca=
pital *an, das' sie mir dereinst', wenn ich alt bin, sammt den
Zins'en, zurück'bezahlen wer'den.

„Wie meine Elt'ern nichts sparten, mich gut zu erziehen, so
mach'e ich es auch mit meinen Kind'ern; und wie ich es für
meine kind'liche Schuld'igkeit an'sehe, die Wohl'thaten meiner
Elt'ern zu vergelt'en, so hoff'e ich, wer'den auch meine Kind'er
diese ihre näm'liche Schuld' an mich so sicher ab'tragen, als
hät'ten sie mir Brief und Siegel darauf' aus'gestellt.''

18. EXERCICES SUR LES MOTS DÉRIVÉS ET COMPOSÉS.

Der Reg'enbog'en.

Nach einem furcht'baren Gewitt'er erschien ein lieb'licher
Reg'enbogen am Himm'el. Der kleine Hein'rich sah eben zum
Fenst'er hinaus', und rief voll Freude: „Solch'e wund'erschöne
Farb'en habe ich in meinem Leben noch nicht gesehen! Dort'
bei dem alt'en Weid'enbaume am Bach'e *reichen sie aus den
Wolk'en bis auf die Er'de *herab'. Gewiß' tröpf'eln all'e
Blätt'er des Baumes von den schönsten Farb'en. Ich will eilends
hin', und all'e Musch'elschalen in meinem Farb'enkast'en da'mit
füll'en.''

Er *sprang', so schnell er konn'te, dem Weid'enbaume *zu.
Allein' zu seinem Erstaunen *stand' der arme Knabe nun im
Regen *da, und ward nicht das Gering'ste von einer Farb'e ge=
wahr. Durchnäßt' vom Regen und traurig kehr'te er *zurück',
und klagte sein Miß'geschick' dem Vater.

Der Vater läch'elte und sprach: „Diese Farb'en lass'en sich
in keine Schale auf'fassen; die Reg'entropfen scheinen nur im
Glanz'e der Sonn'e eine kleine Weile so schön gefärbt. Allein'
so, mein liebes Kind, ist es mit all'er Herr'lichkeit der Welt';
sie dünkt' uns, et'was zu sein, ist aber doch nur eitler Schein.''

Die Ein'nahme von Jerusalem.

Am 6. Juni 1099 kamen die Kreuz'fahrer auf eine An'höhe, von welch'er sie Jerusalem vor sich liegen sahen. All'e riefen mit einer Stimm'e : Jerusalem! Jerusalem! und konn'ten kaum ab'gehalten wer'den, sich ohne Ord'nung auf die stark'befest'igte Stadt' zu stürz'en, obgleich' die Christ'enmeng'e auf 60,000 Kämpf'er zusamm'engeschmolz'en war. Rasch' vertheilten sie sich in der holz'arm'en Gegend, um et'was Holz' zur Erbauung von Kriegs'maschinen und Sturm'leitern zu suchen. Den 14. Juli ward ein all'gemein'er Sturm' gewagt, doch von den Belagerten muthig zurück'geschlagen. Den folg'enden Tag ward der An'griff wiederholt'. Gott' will es ! war ihr Kriegs'geschrei. Gott'fried von Bouillon war der erste, der von seinem Kriegs'thurm' herab' in die Stadt' sprang. Ihm folg'ten die and'ern, öff'neten die Thore und *richt'eten ein solches Blut'bad *an, daß die Moscheen von Blut floss'en. Dann *warf'en sie sich mit in'brün'= stiger An'dacht *nieder auf der heiligen Grab'stätt'e, und fei= erten ein Dank'fest' mit Lob'gesäng'en und feierlichen Um'zügen durch die blut'gerötheten Straßen.

Gott'fried von Bouillon wurd'e ein'stimm'ig zum König von Jerusalem erwählt'; doch weigerte er sich, da eine gold'ene Krone zu tragen, wo der Heiland der Welt' unt'er einer Dorn'enkrone geblutet hat'te; er begnügte sich mit dem Titel eines Beschütz'ers des heiligen Grabes.

19. EXERCICE SUR LES AUXILIAIRES DE MODE.

Diokles und Lucian.

(Die Scene ist in den elysä'ischen Feld'ern).

D. (allein'). Wo bin ich? Ist dies Elysium? Die schöne Ins'el der Seligen, wo gold'ne Blumen blühn? Wo ein ewiger Früh'ling von Frücht'en all'er Art'en üb'erfließt? — Wo sind die reinen

Kryſtall'bäch'e? Wo die imm'ergrünen, blum'envoll'en Wieſen, die mir von Dicht'ern und Weiſen verſproch'en word'en? Wo die Sonn'e, die Tagen und Nächt'en imm'er gleich leuchtet? — Nichts als Dämm'erung und Dämm'erung! und eine Still'e, ſo ſtill, ſo ſtill, daß ich das Schwank'en einer Lilie auf ihrem Steng'el hören könn'te. — Aber ſeh' ich nicht dort einen Schat'= ten gegen mich her ſchweben? — Ich will ihn an'reden; er ſoll mir ſagen, ob dies Elyſium iſt. — Darf ich dich an'reden? Darf ich dich fragen, wie du genannt' wirſt.

L. Du darfſt all'es, was du kannſt. Wir ſind hier all'e gleich. Da ich noch auf der Ob'erwelt' war, nann'ten ſie mich Lucian.

D. Sage mir, Lucian, bin ich wirk'lich im Elyſium?

L. Du biſt im Elyſium, aber deine Sinn'e ſind noch nicht ganz gereinigt. Deine Augen ſind noch dunk'el, deine Ohren noch ſchwach'; du biſt unſ'ers Licht'es, unſ'rer Luft' noch nicht gewohnt.

D. Ihr lebt al'ſo hier frei von all'em, was die Sinn'e der Sterb'lichen fälſcht'?

L. So iſt es.

D. Und ihr ſeid glück'lich?

L. Eben darum'. Auf Er'den würd'e das freilich and'ers ſein. Aber hier, wo all'es im vollkomm'enen Gleich'gewicht', all'es in Ruhe iſt, wo keiner von dem and'ern et'was zu fürcht'en noch zu hoff'en hat, wo keine Vor'urtheile, kein Neid, keine Rach'ſucht' mehr Platz' hat, wo al'ſo keine Ur'ſach'e iſt, was and'ers oder beſſ'eres ſcheinen zu woll'en oder zu müſſ'en, als man iſt : hier kann man Nie'mand täuſchen, wenn man auch woll'te, und nicht täuſchen woll'en, wenn man auch könn'te. Auch ſich ſelbſt nicht. Denn man iſt nur falſch' gegen ſich ſelbſt wenn man nicht wahr gegen and're ſein darf'. Kurz', bei uns iſt all'es wahr; und eben da'rum ſind wir glück'lich.

D. Mir däucht, es wird mir Mühe koſt'en, bis ich mich an eure Glück'ſeligkeit wer'de gewöhnen könn'en.

L. Habe nur ein wenig Geduld ! Wenn wir uns wied'erſehen, wirſt' du ſchon fühlen, daß du im Elyſium biſt.

20. EXERCICE SUR LE RÉGIME DES VERBES.

Der Bauer und die Affen.

Ein Bauer brach'te seinem Guts'herrn' einen Korb' voll Aepf'el. Im Hofe fand' er ein paar Aff'en, welch'e rothe Jack'en und einen Degen an der Seite trugen. Diese possierlichen Thiere bemächt'igten sich des Korb'es und ließen sich die Aepf'el treff'lich schmeck'en. Dem Bauer dünk'te das selt'sam, doch sagte er nichts; er *zog vielmehr' den Hut ehr'erbietig *ab', und ließ sich geduld'ig die Aepf'el nehmen. Der Herr' *sah dieser Scene aus seinem Fenst'er *zu. Als der Bauer hierauf' mit den Aepf'eln, welch'e ihm übrig geblieben waren, ins Zimm'er trat, fragte ihn der Herr', warum' der Korb' nicht voll' sei. „Gnä'diger Herr','' ant'wortete der ehrliche Bauer, „er war wohl voll, aber Ihre Herr'en Söhne haben ihn zur Hälf'te aus'geleert'. Sie fand'en das Obst nach ihrem Geschmack', und ich unterstand' mich nicht, es ihnen ab'zuschlagen.''

21. EXERCICES SUR L'EMPLOI DES MODES ET DES TEMPS.

Seneka.

1. Seneka besuchte noch in seinem Alt'er die Lehr'stund'en der Welt'weisen. Einer seiner Bekannt'en sagte deßhalb' zu ihm : „Du erniedrigst dich und wirst wieder zum Schüler, wenn du dieses thust.'' Seneka ant'wortete ihm darauf' : „Ich bin sehr glück'lich, wenn diese Hand'lung die ein'zige ist, wodurch' ich mein Alt'er beschimpf'e. Es ist ja für einen Greis keine Schand'e ins Theater zu gehen, warum' soll er sich denn schä- men, die Hör'sä'le der Welt'weisen zu besuchen? Man muß so lang'e lern'en, als es noch Ding'e gibt, die man nicht weiß und nicht versteht; und so lange das Leben dauert, muß man lern'en, wie man gut und glück'lich leben soll.''

2. Man erzählt`, daß Seneka noch in seinem Alt`er die Lehr`-
stund`en der Welt`weisen besucht habe. Einer seiner Bekann`-
ten sagte deßhalb` zu ihm, daß er sich erniedrigte und wieder
zum Schüler würd`e, wenn er dies thä`te. Seneka ant`wortete
ihm darauf`, er wä`re sehr glück`lich, wenn dieses die ein`zige
Hand`lung wä`re, wodurch` er sein Alt`er beschimpf`te; es wä`re
ja für einen Greis keine Schand`e ins Theater zu gehen, warum`
soll`te er sich denn schä`men, die Hör`sä`le der Welt`weisen zu
besuchen? Man müß`te so lan`ge lern`en, als es noch Ding`e
gä`be, die man nicht müß`te, und so lang`e das Leben dauerte,
müß`te man lern`en, wie man gut und glück`lich leben soll.

Die Hirt`enflöte.

Ein König hat`te einen Schatz`meister, der sich vom Hirt`en-
stabe zu diesem wich`tigen Amt`e auf`geschwungen hat`te. Der
Schatz`meister wurd`e aber bei dem König verklagt, daß er die
königlichen Schätz`e verun`treue und die geraubten Geld`er und
Kost`barkeiten in einem eigenen Gewölb`e mit einer eisernen
Thür auf`bewahre. Der König besuchte den Schatz`meister, be-
sah dess`en Pallast`, kam an die eiserne Thür, und befahl sie zu
öff`nen. Als der König nun hinein`trat, war er nicht wenig erstaunt. Er sah nichts, als vier lee`re Wänd`e, einen länd`lichen
Tisch` und einen Stroh`sess`el. Auf dem Tisch`e lag eine Hirt`en-
flöte nebst einem Hirt`enstabe und einer Hirt`entasch`e. Durch
das Fenst`er sah man auf grüne Wiesen und wald`ige Berg`e.
Der Schatz`meister aber sprach: „In meiner Jugend hütete
ich die Schafe. Du, o König, zogst mich an deinen Hof. Hier
in diesem Gewölb`e *brach`te ich nun täg`lich eine Stund`e *zu`,
erinn`erte mich mit Freuden meines vorigen Stand`es und wie-
derhol`te die Lieder, die ich eh`emals bei meinen Schafen zum
Lobe des Schöpf`ers gesung`en hat`te. Ach, laß` mich wieder zu-
rück`keh`ren auf meine vä`terlichen Fluren, wo ich glück`licher
war als an deinem Hofe!"

Der König ward' über die Verleumder sehr un'willig, um=
arm'te den edlen Mann' und bat ihn, fern'er in seinen Diensten
zu bleiben.

MORCEAUX DE POÉSIE PROPRES A ÊTRE APPRIS PAR CŒUR.

1. Mee'resstill'e.

Tiefe Still'e herrscht' im Waff'er,
Ohne Regung liegt das Meer',
Und' bekümm'ert sieht der Schiff'er
Glatt'e Fläch'e rings' umher'.
Keine Luft' von keiner Seite!
Tod'esstill'e fürch'terlich'!
In' der un'geheuren Weite
Reget keine Well'e sich'.

Göthe.

2. Glück'liche Fahrt.

Die Nebel zerreißen,
Der Himm'el ist hell'e,
Und Ae'olus löset
Das äng'stliche Band'.
Es säuseln die Wind'e,
Es rührt sich der Schiff'er.
Geschwind'e! Geschwind'e!
Es theilt sich die Well'e,
Es naht sich die Fern'e;
Schon seh' ich das Land'!

Göthe.

3. Das Schwert.

Zur Schmiede ging' ein jung'er Held',
Er hatt'' ein gut'es Schwert' bestellt'.
Doch als' er's wog in freier Hand',
Das Schwert' er viel zu schwer' erfand'.

Der alt'e Schmied den Bart sich streicht :
„Das Schwert' ist nicht' zu schwer' noch leicht,
Zu schwach' ist euer Arm', ich mein',
Doch morg'en soll' geholf'en sein.''

„Nein, heut ! bei all'er Ritt'erschaft' !
Durch meine, nicht' durch Feuers Kraft'.''
Der Jüng'ling spricht''s, ihn Kraft' durchdringt',
Das Schwert' er hoch in Lüft'en schwingt'.

Uhland.

4. Thätigkeit.

Brich' die Rosen, wenn' sie blühn :
   Morg'en ist' nicht heut !
Keine Stund'e laß' entfliehn,
   Flücht'ig ist' die Zeit.

Zu Genuß' und Ar'beit ist'
   Heut Geleg'enheit ;
Weißt du, wo du morg'en bist'?
   Flücht'ig ist' die Zeit.

Auf'schub einer guten That
   Hat' schon oft' gereut.
Thä'tig leben ist' mein Rath :
   Flücht'ig ist' die Zeit.

Gleim.

5. Das Ständ'chen.

*Was weck'en aus' dem Schlumm'er mich'
  *Für süße Kläng'e doch'?
O Mutt'er, sieh! wer mag es sein,
  In spä'ter Stund'e noch'.

„Ich höre nichts', ich sehe nichts',
  O schlumm're fort' so lind'!
Man bringt' dir keine Ständ'chen jetzt',
  Du arm'es, krank'es Kind'!"

Es ist' nicht irb'ische Musik,
  Was mich' so freudig macht';
Mich rufen Eng'el mit Gesang'.
  O Mutt'er, gute Nacht'!

                        Uhland.

6. Hek'tor und Androma'che.

A. Will' sich Hek'tor ewig von' mir wend'en,
  Wo' Achill' mit den unnah'bar'n Händ'en
  Dem Patroklus schreck'lich Opf'er bringt'?
  Wer' wird künst'ig deinen Kleinen lehren
  Spee're werf'en und' die Gött'er ehren,
  Wenn' der finst're Ork'us dich' verschlingt'?

H. Theures Weib, gebiete deinen Thrä'nen!
  Nach der Feld'schlacht ist' mein feurig Sehnen;
  Diese Arm'e schütz'en Perg'amus'.
  Kämpf'end für den heil'gen Herd' der Gött'er
  Fall' ich, und' des Vat'erland'es Rett'er
  *Steig' ich *nieder zu dem styg'schen Fluß'.

A. Nimm'er lausch' ich deiner Waff'en Schall'e;
   Müßig liegt dein Eisen in' der Hall'e :
   Priam's großer Held'enstamm' verdirbt'.
   Du wirst hin'gehn wo kein Tag mehr scheinet,
   Der Cocytus durch' die Wüsten weinet,
   Deine Liebe in' dem Lethe stirbt'.

H. All' mein Sehnen will' ich, all' mein Denk'en,
   In' des Lethe still'en Strom versenk'en,
   Aber meine Liebe nicht'.
   Horch'! der Wild'e tobt schon an' den Mauern;
   *Gürt'e mir das Schwert' *um, laß' das Trauern :
   Hek'tor's Liebe stirbt' im Lethe nicht'.

                              Schiller.

VOCABULAIRE

EXPLICATION DES SIGNES.

1. Le signe '' indique l'inflexion au pluriel des substantifs : Amt, *n*. es, ''er signifie : Amt, substantif neutre, génitif Amtes, nominatif pluriel Ämter ou Aemter ; — Vater, *m*. s, '', veut dire : Vater, substantif masculin, génitif Vaters, nominatif pluriel Väter.

2. Le signe — fait voir que le nominatif pluriel est semblable à celui du singulier. Par exemple dans Alter, *n*. s, —, le nominatif pluriel est également Alter.

3. Lorsque les désinences du génitif singulier es ou en se présentent sous la forme de (e)s ou (e)n, le substantif peut ajouter à son nominatif es ou s, en ou n. La forme complète (es, en) est préférable dans un devoir; l'apocope (s, n) appartient plutôt à la langue parlée.

4. Les substantifs masculins qui suivent la déclinaison faible prenant en ou n à tous les cas, le pluriel de ces mots n'a pas été indiqué à part. Affe, *m*. n veut dire : nominatif Affe, à tous les autres cas Affen.

5. Les noms féminins sont indéclinables au singulier : la désinence qui suit le nominatif se rapporte donc au pluriel. Frau, *f*. en veut dire : au singulier Frau, au pluriel Frauen, à tous les cas.

6. La lettre ſſ, placée après un substantif finissant en ß, fait voir que dans la déclinaison l'ß se change en ſſ. Fluß (ſſ), *m. eſ, e,* veut dire : génitif Fluſſeſ, nominatif pluriel Flüſſe.

7. Des désinences entières mises entre parenthèses sont toujours peu usitées. Par exemple le pluriel de Angſt, *f.* (''*e*) qui serait Ängſte ou Aengſte n'est guère employé qu'au datif (in Ängſten).

8. Lorsque le vocabulaire ne donne pas le pluriel d'un substantif, ce pluriel n'existe pas. — Voyez cependant plus haut nº 4.

9. L'article entre parenthèses [p. ex. Belagerte (der)] indique un adjectif ou un participe employé substantivement. Ces mots se déclinent comme les adjectifs.

10. Dans les verbes composés, le signe = placé entre le préfixe et le verbe, indique que ces verbes sont séparables. Les verbes composés qui ne portent pas ce signe sont inséparables.

Woerterbuch.

A (a)

ab, *anc. prép. dat.*, *marque éloignement.*

ab-bitten, *va. fort*, demander pardon.

Abend, *m. s, e*, soir, *m.*

Abendmahlzeit, *f.* en, souper, *m.*

aber, mais, cependant.

abermal (s), encore (*une fois*).

ab-freffen, *va. fort*, dévorer (*entièrement*).

abgetragen, *part. pa. de* ab-tragen.

Abgrund, *m. s, "e*, abîme, *m.*

ab-halten, *va. fort*, retenir, empêcher.

ab-holen, *va.* aller chercher.

ab-schlagen, *va. fort*, refuser.

ab-schneiben, *va. fort*, couper.

Absicht, *f.* en, intention *f.*

ab-tragen, *va. fort*, user (*en portant*), acquitter (*une dette*).

ab-wetzen, *va.* user, enlever (*en aiguisant*).

ab-zahlen, *va.* payer peu à peu.

ab-ziehen, *va.* ôter.

ach! ah! hélas!

Achill, *m. s*, Achille, *m.*

Acht, *f.* attention, *f.*

Acker, *m. s, "*, champ, *m.*

Aeolus, *m. indécl.* Éole, *m.*

Affe, *m. n*, singe, *m.*

Afrika, *n. s*, l'Afrique.

ahnen, *vn.* pressentir.

all (aller, alle, alles), tout.

allein, *conj.* mais; ‖ *adj.* seul.

allerlei, toutes sortes de.

Allmacht, *f.* toute-puissance, *f.*

allzu, par trop.

als, que, lorsque, quand, comme.

also, donc, ainsi.

alt, âgé; vieux, ancien.

Altar, *m. s, "e*, autel, *m.*

Alter, *n. s, —*, âge, *m.*; vieillesse *f.*

am *pour* an bem.

Amboß (ß), *m. es, e*, enclume, *f.*

Amerika, *n. s*, l'Amérique.

Amt, *n. es, "er*, emploi, *m.*

an, *prép. dat. et acc.* à, vers, près de.

Anblick, *m. s, e*, spectacle, *m.*; vue, *f.*

Andacht, *f.* dévotion, *f.*

andächtig, avec recueillement.

anber, autre; —s, autrement, autre chose; am —n Tage, le lendemain.

Andromache, *f. s*, Andromaque *f.*

an-fangen, *va. fort*, commencer, s'y prendre.

anfing, *prét. ind. de* anfangen.

an-fühlen, *va.* toucher, tâter.

angesehen, considérable.

an-greifen, *va. fort*, attaquer.

Angriff, *m. s, e*, attaque, *f.*

Angst, f. ("e), anxiété, f.
ängstigen, va. tourmenter.
ängstlich, inquiet; pénible.
Anhöhe, f. n, hauteur, éminence f.
an-kommen, vn. fort, arriver.
an-landen, vn. aborder.
an-reden, va. adresser la parole à.
an-richten, va. préparer, causer, susciter, faire.
an-sehen, va. regarder, considérer; Einem etwas—, reconnaître qch., par la mine de qn.
anstatt, prép. gén. au lieu de.
Antlitz, n. es, e, visage, m.; face, f.
Antwort, f. en, réponse, f.
antworten, vn. répondre.
an-wenden, va. irrég., employer.
an-ziehen, va. fort, mettre (ex. un habit).
Anzug, m. es, "e, habillement, m.; vêtements, m. pl.
an-zünden, va. allumer.
Apfel, m. s, ", pomme, f.
Apotheker, m. s, —, pharmacien, m.
Arbeit, f. en, travail, m.
arbeiten, vn. travailler.
Ärger, m. s, dépit, m.; colère, f.
Argwohn, m. s, soupçon, m.
Arm, m. es, e, bras m.
arm, pauvre.
Armuth, f. pauvreté, f.
Art, f. en, espèce, f.
Arzt, m. es, "e, médecin, m.
aß, prét. ind. de essen.
Ast, m. es, "e, branche, f.; rameau, m.
Athem, m. s, haleine, f.
auf, prép. dat. et acc., sur, dans, à.
auf-bewahren, va. garder.
auf-brausen, vn. s'élever en mugissant.
auf-brechen, va. fort, briser, fracturer.

auf-bringen, va. irr. soulever, irriter.
auf-bürden, va. imposer un fardeau.
auf-fassen, va. recueillir.
aufgebracht, part. pa. de auf-bringen.
aufgehoben, part. pa. de auf-heben.
aufgeregt, part. pa. de auf-regen.
auf-halten (sich), demeurer.
auf-heben, va. fort, lever, ramasser.
auf-laden, va. fort, charger (sur).
auf-lösen, va. résoudre.
auf-machen, va. ouvrir.
Aufmerksamkeit, f. en, attention f.
auf-nehmen, va. fort, recevoir, accueillir.
auf-räumen, va. ranger.
auf-rechen, va. râteler.
auf-regen, va. exciter.
auf-schlagen, va. fort, ouvrir.
Aufschub, m. (e)s, délai, m.; remise, f.
auf-schwingen (sich), v. fort, s'élever.
auf-stehen, vn. irr. se lever.
Auge, n. s, n, œil, m.
Augenblick, m. s, e, (clin d'œil) instant, moment, m.
auch, aussi, également.
August, m. s, août, m.
aus, prép. dat. hors, dans (ex).
aus-bitten, va. fort, prier (qn.) d'accorder (qc.); sich etwas—demander la permission.
Ausgabe, f. n, dépense, f.
aus-leeren, va. vider.
aus-leihen, va. fort, prêter.
aus-nehmen, va. fort, enlever; Nester — dénicher des oiseaux.
aus-reuten, va. sarcler, déraciner.
aus-sehen, vn. fort, avoir un air, une mine.
Aussehen, n. s, aspect, m.; mine, f.
außer, prép. dat. hors.

aus-stehen, vn. irr. (— haben) avoir placé.

aus-stellen, va. délivrer; Brief und Siegel —, s'obliger par-devant notaire.

aus-suchen, va. choisir.

aus-theilen, va. partager.

Auswanderer, m. s, —, émigrant, m.

aus-ziehen, va. fort, retirer, ôter.

B (b)

Bach, m. es, "e, ruisseau, m.

bald, bientôt, tantôt... tantôt...

Band, n. es, e, lien, m.

barmherzig, miséricordieux, charitable.

Barmherzigkeit, f. miséricorde, f.

Bart, m. es, "e, barbe, f.

Base, f. n, cousine, f.

bat, prét. ind. de bitten.

bauen, va. bâtir.

Bauer, m. n, paysan, m.

Bäuerin, f. nen, paysanne, f.

Baum, m. (e)s, "e, arbre, m.

bearbeiten, va. labourer.

beben, vn. trembler.

bebauern, va. regretter.

bedecken, va. couvrir.

bedienen, va. servir.

Bediente (der), domestique, m.

Beere, f. n, baie, graine, f.

befahl, prét. ind. de befehlen.

befehlen, va. fort, ordonner.

befestigen, va. fortifier.

befohlen, part. pa. de befehlen.

begegnen, vn. rencontrer, traiter.

Begierde, f. n, avidité, envie, cupidité, f.

begierig, avide(ment).

begleiten, va. accompagner.

begnügen (sich), se contenter.

behaglich, à l'aise.

behandeln, va. traiter.

beherbergen, va. héberger.

behülflich, secourable; Einem — sein, aider, assister qn.

behüten, va. garder.

bei, prép. dat. chez, à, par; — sich, sur soi, lui, etc.

beide, les deux (ambo).

Bein, n. (e)s, e, jambe, f.

beinah(e), presque.

bekannt, connu (rac. kennen); Einen mit etwas — machen, faire connaître qc. à qn.

Bekannte (der), (personne de ma, sa, etc.) connaissance, f.

Bekanntschaft, f. en, connaissance, f.

bekommen, va. fort, obtenir, recevoir, avoir.

bekümmern, va. (rad. Kummer) affliger, donner des soucis.

bekümmert, (d'un regard) soucieux.

beladen, va. fort, charger.

Belagerte (der), assiégé, m.

bellen, vn. aboyer

belohnen, va. récompenser.

bemächtigen (sich), s'emparer.

bemerken, va. remarquer.

benannt, part. pa. de benennen.

benennen, va. irrég. dénommer.

bereift, couvert de givre.

bereiten, va. préparer.

bereits, déjà.

bereuen, va. regretter.

Berg, m. es, e, montagne, f.

Bertha, f. s, Berthe, f.

bescheiden, modeste.

bescheren, va. donner en présent, accorder.

beschimpfen, va. outrager, déshonorer.

Beschützer, m. s, —, protecteur, m.

Beschwerde, f. n, peine, f.; grief, m.

beſehen, *va. fort*, regarder, exami-
ner.

beſinnen (ſich), *v. fort*, se rappeler.

Beſitz, *m. es*, possession, *f.*

beſſer, (*compar. de* gut), meilleur.

beſtändig, constant, constamment.

beſte (*der, die, das*), *superl. de* gut.

beſtehen, *vn. irrég.* consister (*aus*
dans); auf etwas —, insister.

beſtellen, *va.* commander.

beſtrafen, *va.* punir.

beſuchen, *va.* aller voir, fréquenter,
suivre (*un cours*).

beten, *vn.* prier (*Dieu*).

betheuern, *va.* protester, jurer.

betrachten, *va.* considérer, exami-
ner, regarder.

betrüben, *va.* affliger.

Bett, *n. es, en*, lit, *m.*

Beutel, *m. s*, —, sac, *m.*; bourse, *f.*
‖ —chin, *n. s*, —, *dimin. de* Beutel.

bevor, avant que, avant de.

bewahren, *va.* garantir, protéger.

bewirthen, *va.* traiter, régaler.

bewohnen, *va.* habiter.

Bewohner, *m. s*, —, habitant, *m.*

bewundern, *va.* admirer.

bezahlen, *va.* payer.

bezaubern, *va.* ensorceler, enchan-
ter.

bezeigen, *va.* montrer, témoigner.

bezeugen, *va.* attester.

Bier, *n. (e)s, e*, bière, *f.*

bilden, *va.* former.

Bindruthe, *f. n*, lien, *m.*

Birnbaum, *m. s, ''e*, poirier, *m.*

Birne, *f. n*, poire, *f.*

bis, jusque.

bisher, jusqu'à présent.

Bitte, *f. n*, prière, *f.*

bitten, *va. fort*, prier (qn.); — um,
demander.

Blatt, *n. es, ''er*, feuille, *f.*

bleiben, *vn. fort*, rester; ‖ —b, du-
rable.

blieb, *prét. ind. de* bleiben.

Blitz, *m. es, e*, éclair, *m.*

blitzen, *vn.* faire des éclairs.

bloß-ſtellen, *va.* exposer.

blühen, blühn, *vn.* fleurir.

blühend. fleurissant, (teint) fleuri,
florissant.

Blume, *f. n*, fleur, *f.*

Blumenſtab, *m. es, ''e*, rame, *f.*

Blumenſtrauß, *m. es, ''e(r)*, bouquet
(*de fleurs*), *m.*

Blut, *n. es*, sang, *m.*

Blutbad, *n, es*, carnage, *m.*

bluten, *vn.* saigner, verser son
sang.

Blüthe, *f. n*, fleur, floraison, *f.*

Bock, *m. (e)s, ''e*, bouc, *m.*

Boden, *m. s*, —, sol, terrain, plan-
cher, *m,*

Bogen, *m. s*, —, arc, *m.*, feuille
(*de papier*) *f.*

Bohne, *f. n*, haricot, *m.*

böſe, méchant.

Böſewicht, *m. s, er*, scélérat, *m.*

brach, *prét. ind. de* brechen.

brachte, *prét. ind. de* bringen.

Brand, *m. es*, feu, embrasement, *m.*

Braten, *m. s*, —, rôti, *m.*

brauchbar, *dont on peut se servir :*
utile, bon.

brechen, *va. fort*, briser, rompre,
cueillir.

breit, large.

Breite, *f. n*, largeur, *f.*

brennen, *vn. irrég.* brûler.

brich, *impér. de* brechen.

Brief, *m. es, e*, lettre, *f.*

bringen, *va. irrég.* porter, appor-
ter, mettre, donner; ‖ zu Stande
—, venir à bout de, faire; ‖ Einen um etwas —, faire perdre qc.

, à qn.; frustrer qn. de qc.

Brob, n. es, e. pain, m.

Bruch, m. es, "e, fraction f.

Brunnen, m. s, —, puits, m. fontaine, f.

Brust, f. "e, poitrine, f.

Bube, m. n. garçon, gamin, m.

Buch, n. es, "er, livre, m.

Büchersammlung, f. en, bibliothèque, f.

Bürde, f. n, charge, f.; fardeau, m.

Busch, m. es, "e. buisson, m.

Büschel, m. s, —, touffe, f.; bouquet, m.

büßen, va. expier.

C (c)

Cäsar, m. s, (e)n, César, m.

Christian, m. s, Chrétien, m.

Cocytus, m. indécl. Cocyte, m. (cocco, gémir, se lamenter).

D (d)

da, conj., comme, lorsque, puisque; adv. de temps, alors; de lieu là; ici.

dabei, avec cela.

dachte, prét. ind. de denken.

dafür, pour cela.

dagegen, contre cela, pour ...

daher, de là (vient que), c'est pourquoi, par conséquent, donc.

dahin, là, y (avec mouvement).

damals, alors, dans ce temps-là.

damit, avec cela (avec l'objet en question); || damit', afin que.

Dämmerung, f. en, crépuscule, m.

Dämon, m. s, en, démon, m.

Dank, m. (e)s. merci, m.; grâce f.

danken, vn. remercier.

dann, ensuite, alors.

daran, à cela, après.

darauf, là-dessus, alors, dessus.

daraus, de cela, dehors.

darf, prét. ind. de dürfen.

darin, dedans, y (sans mouvement).

darüber, là-dessus, en.

darum, autour de cela, de cela, en.

das, 1° art. neutre; 2° adj. démonstr. ce, ceci, cela; 3° adj. conj. qui.

daß, que, afin que.

da-stehen, vn. irrég. se trouver.

däuchten, vn. irrég. sembler.

dauern, vn. durer.

davon, de cela, en.

dazu, à cela, en cela, par-dessus.

Degen, m. s, —, épée, f.

Demant, m. en, diamant, m.

denken, vn. irrég. penser.

Denken, n. s, penser, m.

denn. car; au milieu d'une phrase, donc.

dennoch, malgré cela, cependant.

der, 1° art. masc.; 2° adj. démonstr., celui-ci, celui-là; 3° adj. conj., qui, lequel.

dereinst, un jour, plus tard.

dessen, (gén. de der, das) de celui-ci, son, sa, etc.

deßhalb, pour cela, pour cette raison.

Diamant, m. en, diamant, m.

dich (acc. de du), te, toi.

Dichter, m. s, —, poëte, m.

die, 1° art. fém. 2° adj. démonstr., celle-ci, celle-là; 3° adj. conj., qui, laquelle.

Dieb, m. es, e, voleur, m.

dieser (m.), diese (f.), dieses ou dies (n.), celui-ci, celle-ci, ceci, cet, cette.

Ding, n. es, e, chose, f.

Diokles, m. indécl. Dioclès, m.

dir (dat. de du), à toi.

doch, donc, pourtant, cependant, mais.

Donner, m. s, —, tonnerre, m.

donnern, vn. tonner.

Donnerwetter, n. s, —, (temps d') orage, m.

doppelt, double.

Dorf, n. (e)s, ˮer, village, m.

Dörflein, n. s, — dimin. de Dorf.

Dorn, m. (e)s, en, épine, f.

dort, là; y.

drang, prét. ind. de bringen.

drängen, va. presser.

Drechsler, m. s, —, tourneur, m.

drehen, va. tourner.

drei, trois.

dreißig, trente.

dringen, vn. fort, pénétrer.

dritte (der, die, das), le, la troisième.

droben, pour da[r]oben; da —, là-haut.

drohen, vn. menacer.

drücken, va. serrer.

duften, vn. exhaler des parfums.

dulden, va. tolérer.

dumm, sot, stupide.

dunkel, sombre, privé de lumière.

dünken, vn. a. sembler.

durch, prép. acc. par, à travers.

durchbohren, va. percer.

durchbringen, va. pénétrer.

durchnässen, va. tremper.

durchsichtig, transparent.

dürfen, aux. de mode irrég. pouvoir, avoir besoin.

dürftig, pauvre, mesquin.

Durst, m. es, soif, f.

Dutzend, n. s, e, douzaine, f.

E (e)

eben, adj. uni, égal; || adv. précisément; er wollte ..., il allait.

Ecke, f. n, coin, angle, m.

edel, noble, généreux, honorable.

Eduard, m. s, Edouard, m.

Edelstein, m. s, e, pierre précieuse, f.

ehemals, autrefois, jadis.

Ehre, f. (n) honneur, m.

ehren, va. honorer.

ehrerbietig, respectueusement.

ehrlich, honnète, brave.

ei, eh! ah!

Ei, n. (e)s, er, œuf, m.

Eiche, f. n, chêne, m.

eigen, propre, particulier.

Eigendünkel, m. s, présomption, f.

Eigennutz, m. es, intérêt personnel, m.

Eigenthum, n. s, ˮer, propriété, f.

Eile, f. hâte, f.

eilen, vn. qui exprime un mouvement rapide : courir, voler, etc.

eilends, en toute hâte.

Eimer, m. s, —, sceau, m.

ein (m. n.), eine (f.), un, une.

einander, l'un l'autre, les uns les autres.

ein=bilden (sich), se figurer, se représenter; || sich etwas — auf ..., être fier de, tirer vanité de ...

ein=bringen, va. irrég. rapporter.

ein=büßen, va. être privé, perdre.

einfach, simple.

ein=fallen, vn. fort, tomber dar l'esprit, revenir à la mémoire.

einfältig, simple, niais.

eingebildet (part. pr. de einbilden) adj., imaginaire, prétendu.

einig=er, =e, =es, quelque.

ein=leuchten, vn. paraître clair ou bon.

einmal, une fois, un peu, un jour; nicht —, pas même; auf —, tout à coup.

ein-mauern, va. murer dans, cacher dans un mur.
Einnahme, f. prise, f.
einsam, solitaire.
ein-sehen, va. fort, reconnaître, comprendre.
Einsicht, f. pénétration, f.
einst, un jour, autrefois (olim).
einstimmig, à l'unanimité.
einzig, unique(ment), seul.
Eisen, n. s, fer, m.; épée, f.
eisern, de fer.
eiskalt, froid comme la glace.
eitel, vain.
elend, misérable(ment); || n. s, misère, f.
Elster, f. n, pie, f.
Eltern, pl. parents (père et mère), m. pl.
elysäisch, élysée.
Elysium, n. s, Élysée, m.
Emmerling, m. s, e, embérise, f. (oiseau de l'ordre des passereaux).
endlich, enfin, finalement.
Engel, m. s, —, ange, m.
Enkel, m. s, —, petit-fils, m.
entfernt, part. pa. de entfernen, va. éloigner.
entflieh(e)n, vn. s'enfuir, s'échapper.
entgegnen, va. répliquer.
enthält, 3e p. s. pr. ind. de enthalten.
enthalten, va. fort, contenir.
entsetzlich, horrible(ment).
er, pron. 3e p. m. il, lui.
erbarmen (sich), avoir pitié de.
erbauen, va. construire, édifier.
Erbauung, f. construction, f.
erbieten (sich), v. fort, s'offrir.
erbitten, va. fort, demander (en priant).
erblicken, va. apercevoir, voir.

erbot, prét. ind. de erbieten.
Erbse, f. n, pois, m.
Erdbeben, n. s, —, tremblement de terre, m.
Erde, f. (n), terre, f.
erdrücken, va. écraser.
Ereigniß (ss), n. es, e, événement, m.
ereilen, va. surprendre; atteindre.
erfand, prét. ind. de erfinden.
erfinden, va. fort, trouver, inventer.
Erfolg, m. s, e, succès, m.
erfreuen, va. réjouir.
erfüllen, va. remplir.
ergreifen, va fort, saisir.
ergriff, prét. ind. de ergreifen.
erhalten, va. fort, obtenir, recevoir.
erheben, va. fort, élever.
erheitern, va. rasséréner.
erhielt, prét. ind. de erhalten.
erhitzt, échauffé.
erhob, prét. ind. de erheben.
erinnern (sich), se souvenir.
erkannt, part. pa. de erkennen.
erkennen, va. irr. reconnaître.
erklären, va. expliquer.
erlauben, va. permettre.
erleichtern, va. rendre plus léger ou facile, faciliter, soulager.
erleuchten, va. éclairer.
erliegen, vn. fort, succomber.
ermorden, va. assassiner.
ernähren, va. nourrir.
erniedrigen, va. abaisser.
Ernte, f. n, récolte, f.
erobern, va. conquérir, prendre.
erquicken, va. ranimer, récréer.
errathen, va. fort, deviner.
erreichen, va. atteindre.
erretten, va. sauver.
errichten, va. ériger, établir.
er's pour er es.
Ersatz, m. es, réparation, f.
Erschaffung, f. création f.

erscheinen, *vn. fort*, paraître.
Erscheinung, *f. en*, apparition, *f.*; phénomène, *m.*
erschien, *prét. ind. de* erscheinen.
erschießen, *va.* tuer (*d'un coup de fusil*).
erschossen, *part. pa. de* erschießen.
erschrak, *prét. ind. de* erschrecken.
erschrecken, *vn. fort*, s'effrayer, être effrayé.
erschrocken, *part. pa. de* erschrecken.
Erschütterung, *f. en*, secousse, *f.*
erst, premier; *adv.* d'abord, seulement.
erstaunen, *vn.* être étonné.
Erstaunen, *n, s,* étonnement, *m.*
erstaunt, étonné.
ertheilen, *va.* donner en partage, accorder.
ertränken, *va.* noyer.
erwachen, *vn.* se réveiller.
erwählen, *va.* élire.
erwarb, *prét. ind. de* erwerben.
erwarten, *va.* attendre, s'attendre à.
erwerben, *va. fort*, acquérir.
Erz, *n. es, e,* airain, métal, *m.*
erzählen, *va.* raconter.
Erzählung, *f. en*, récit, *m.*
erzeigen, *va.* montrer, faire (*ex. du bien à qn.*).
erziehen, *va. fort*, élever.
erzog, *prét. ind. de* erziehen.
es, *pron.* 3e *p. n.*, il, elle; ce, cela.
Esel, *m. s,* —, âne, *m.*
essen, *va. fort*, manger.
etwas, quelque chose, un peu.
euch, *dat. et acc. pl. de* du, à vous, vous.
ewig, éternel, à jamais.
Ewigkeit, *f.* éternité, *f.*

F (f)

fahren, *vn. fort*, se mouvoir, aller en voiture, etc.
Fahrt, *f. en*, voyage, *m.*
Fall, *m.* (e)s, "e, chute, *f.*; cas, *m.*
fallen, *vn. fort*, tomber; mourir.
falsch, faux.
fälschen, *va.* fausser.
falten, *va.* plier, joindre.
fand, *prét. ind. de* finden.
fangen, *va. fort*, prendre.
Farbe, *f. n*, couleur, *f.*
färben, *va.* colorer.
Farbenkasten, *m. s,* —, boîte à couleurs, *f.*
fast, presque.
faul, pourri; paresseux.
Feder, *f. n*, plume, *f.*
fehlen, *vn.* faillir, manquer.
feierlich, solennel.
feiern, *va.* célébrer.
feil, vénal; das ist mir nicht —, je ne vends pas cela.
fein, fin.
Feind, *m. es, e,* ennemi, *m.*
feindlich, ennemi, hostile.
Feld, *n. es, er,* champ, *m.*
Feldschlacht, *f. en*, bataille rangée, *f.*
Fels, *m. en, ou* Felsen, *s,* —, rocher, *m.*
Fenster, *n. s,* —, fenêtre, *f.*; zum — hinaus, par la fenêtre.
fern, lointain, loin, longtemps.
Ferne, *f. n*, distance; côte lointaine, *f.*
fernerhin, à l'avenir.
fertigen, *va.* expédier, faire.
Fest, *n. es, e,* fête, *f.*
Feuer, *n. s,* —, feu, *m.*
feurig, ardent.
Fieber, *n. s,* —, fièvre, *f.*

fiel, *prét. ind. de* fallen.

finden, *va. fort,* trouver.

fing, *prét. ind. de* fangen.

Finger, *m.* s, —, doigt, *m.*

finster, sombre.

Fisch, *m.* es, e, poisson, *m.*

Fläche, *f.* n, plaine, *f.*

Flasche, *f.* n, flacon, *m.* bouteille, *f.*

flehen, *vn.* supplier.

flehentlich, d'une voix suppliante, instamment.

Fleiß, *m.* es, application, *f.* travail, *m.*

fleißig, laborieux, assidu(ment); bien.

fließen, *vn. fort,* couler.

floß, *prét. ind. de* fließen.

flüchten (sich), se réfugier.

flüchtig, fugitif.

Flur, *f.* en, plaine, *f.* champ, *m.*

Fluß (ſſ), *m.* es, ''e, fleuve, *m.* rivière, *f.*

folgen, *vn.* suivre.

folgend, (*part. pr. de* folgen) suivant.

Forstmann, *m.* s, ''er, (agent) forestier, *m.*

fort *exprime une idée de continuation et de séparation.*

fortan, dorénavant, depuis ce temps-là.

fort-bewegen (sich), se mouvoir en avant, avancer.

fort-jagen, *va.* chasser, mettre à la porte.

fort-ziehen, *vn. fort,* partir.

Frage, *f.* n, question, *f.*

fragen, *va.* demander (questionner).

Frankreich, *n.* s, la France.

Franz, *m.* ens, François, *m.*

Franzose, *m.* n, Français, *m.*

Frau, *f.* en, femme, dame, maî-

tresse; *terme de politesse,* madame, *f.*

Fräulein, *n.* s, —, demoiselle, *f.* (*dimin. de* Frau).

frei, libre.

Freiheit, *f.* liberté, *f.*

freilich, à la vérité, sans doute.

fremd, étranger.

fressen, *va. fort,* manger.

Freude, *f.* n, joie, *f.* plaisir, *m.*

freudig, joyeux.

freuen (sich), se réjouir.

Freund, *m.* es, e, ami, amateur, *m.*

freundlich, amical(ement), agréable, (d'un air) souriant.

frisch, frais.

froh, gai, content.

fröhlich, joyeux.

fromm, pieux.

Frucht, *f.* ''e, fruit, *m.*

fruchtbar, *adj.* fertile.

früh, de bonne heure, tôt; am —en Morgen, de bon (grand) matin; bis an den —en Morgen, jusqu'à l'aube du jour.

Frühling, *m.* s, e, printemps, *m.*

fügen, *va.* joindre; *fig.* disposer.

fühlen, *va.* sentir.

führen, *va.* conduire.

füllen, *va.* remplir.

Fünfte (der), le cinquième.

funkelnd, *part. pr. de* funkeln, étinceler.

Funken, *m.* s, —, étincelle, *f.*

für, *prép. acc.* pour.

Furcht, *f.* peur, *f.*

fürchten (sich), avoir peur (vor, de); *va.* craindre.

fürchtbar, terrible, redoutable, affreux.

fürchterlich, terrible, effrayant.

Fürst, *m.* en, prince, *m.*

Fuß, *m.* es, ''e, pied, *m.*

G (g)

gab, *prét. ind.* de geben.

Gans, *f.* "e, oie *f.*

ganz, entier, tout.

gar, *sert à relever la force de l'expression* : — nicht, pas du tout.

Garten, *m.* s, ", jardin, *m.*

Gärtner, *m.* s, —, jardinier, *m.*

Gast, *m,* es, "e, hôte, convive, *m.*

Gasthaus, *n.* es, "er, auberge, *f.*

Gebäude, *n.* s, —, bâtiment, édifice, *m.*

geben, *va.* donner; Acht —, faire attention.

gebieten, *va. fort,* commander, retenir.

Gebieterin, *f.* nen, maîtresse. *f.*

geblieben, *part. pa.* de bleiben.

geboten, *part. pa.* de gebieten.

gebracht, *part. pa.* de bringen.

Gebüsch. *n.* es, e, buisson, *m.*

Gebuld, *f.* patience, *f.*

gebuldig, patient, avec résignation.

Gefahr, *f.* en, danger, *m.*

gefährlich, dangereux.

gefallen, *vn. fort,* plaire; sich etwas — lassen, *littér.* se laisser plaire qc.; *c'est-à-dire* goûter une proposition.

gefangen, *part. pa.* de fangen; — nehmen, faire prisonnier.

gegen, *prép. acc.* vers, envers, contre.

Gegend, *f.* en, contrée, *f.*

Gegenstand, *m.* s, "e, objet, *m.*

gehalten, *part. pa.* de halten; — werden für, être regardé comme, passer pour.

gehen, *vn. irrég.* aller, marcher.

geholfen, *part. pa.* de helfen.

Gehör, *n.* s, audience, *f.*; — geben, écouter.

gehorchen, *vn.* obéir.

gehören, *vn.* appartenir.

Geist, *m.* es, er, esprit, *m.*

Geistesgabe, *f.* n, faculté d'esprit, *f.*; talent, *m.*

Geiz, *m.* es, avarice, *f.*

Geklapper, *n.* s, bruit, *m.*

gekommen, *part. pa.* de kommen.

gelähmt, paralysé.

gelangen, *vn.* parvenir.

gelb, jaune.

Geld, *n.* es, er, argent (*monnaye*), *m.*

Geldbeutel, *m.* s, —, bourse, *f.*

Gelegenheit, *f.* en, occasion, *f.*

gelehrt, (*part. pa.* de lehren, enseigner), *adj.* savant.

geliehen, *part. pa.* de leihen.

gelitten, *part. pa.* de leiden.

Gelübde, *n.* s, —, vœu, *m.*

Gemüse, *n.* s, —, légume, *m.*

Gemüth, *n.* (e)s, er, âme, *f.* esprit, *m.*

genannt, *part. pa.* de nennen.

geneigt, *part. pa.* de neigen, disposé, porté à.

genommen, *part. pa.* de nehmen.

genug, assez.

Genügsamkeit, *f.* sobriété, *f.*

Genuß (ff), *m.* es, "e, jouissance, *f.*

gerade, *adj.* droit; *adv.* précisément.

gerathen, *vn. fort,* (*verbe du mouvement*) aller, marcher; *fig.* réussir.

Geräusch, *n.* es, e, bruit, *m.*

gerecht, juste.

Gerechtigkeit, *f.* justice, *f.*

Gericht, *n.* s, e, 1° plat (apprêté), *m.* 2° jugement, tribunal, *m.*

gering, faible, pauvre, de peu d'apparence. || das —ste, la moindre chose *ou* trace.

geritten, *part. pa. de* reiten; — kommen, arriver à cheval.

gern, volontiers.

Gertrud, *f. s,* Gertrude, *f.*

gerufen, *part. pa. de* rufen.

Gesang, *m. (e)s, "e,* chant, cantique, *m.*

geschehen, *vn. fort,* arriver.

Geschichte, *f. n,* histoire, *f.*

Geschicklichkeit, *f.* habileté, *f.*

Geschlecht, *n. s, er,* race, espèce, *f.*

Geschmack, *m. (e)s,* goût, *m.*

Geschrei, *n. s, collect.,* cris, *m. pl.*

geschwätzig, bavard, causeur.

geschwind(e), vite.

Geschwister, *pl.* frères et sœurs.

Gesellschaft, *f. en,* société. *f.*

Gesicht, *n. es, er,* visage, *m.* figure, *f.*

Gespräch *n. (e)s, e,* conversation, *f.*

Gestalt, *f. en,* forme, *f.*

gestehen, *va. irrég.* avouer.

gestern, hier.

gestiegen, *part. pa. de* steigen.

Gesträuch, *n. es, e,* broussailles, *f. pl.* bosquet, *m.*

gesund, bien portant, sain.

Gesundheit, *f.* santé, *f.*

gesungen, *part. pa. de* singen.

gethan, *part. pa. de* thun.

getroffen, *part. pa. de* treffen.

gewahr werden, apercevoir.

gewähren, *va.* accorder.

gewaltig, puissant; avec force.

Gewicht, *n. (e)s, e,* poids, *m.*

gewiß, certain, sûr(ement).

Gewissen, *n s, —,* conscience, *f.*

Gewitter, *n. s, —,* orage, *m.*

gewöhnen, *va.* habituer.

gewöhnlich, ordinaire(ment).

gewohnt, habitué; einer Sache *(gén.)* ou eine Sache *(acc.)* — sein, être fait à qc.

Gewölbe, *n. s, —,* caveau, *m.*

Gewürz, *n. es, e,* épice(s); *f. (pl.).*

Gezwitscher, *n. s,* gazouillement, *m.*

gibt, *prét. ind. de* geben; es —, il y a.

Gift, *n. es, e,* poison, *m.*

ging, *prét. ind. de* gehen.

Glanz, *m. es,* éclat, *m.*

glänzen, *vn.* briller.

Glas, *n. es, "er,* verre, *m.*

glatt, uni, lisse.

glauben, *va.* croire.

gleich, *adj.* égal; *adv.* aussitôt.

Gleichgewicht, *n. (e)s,* équilibre, *m.*

gleichzeitig, en même temps.

Glück, *n. (e)s,* bonheur, *m.*

glücklich, heureux, heureusement.

Glückseligkeit, *f.* félicité, *f.*

gnädig, gracieux; —er Herr, Monseigneur.

Gold, *n. es,* or, *m.*

golden, d'or.

Goldschmied, *m. (e)s, e,* orfévre, *m.*

Goldstück, *n. s, e,* pièce d'or, *f.*

Gott, *m. es, "er,* Dieu, *m.* || —lob! Dieu soit loué!

Gottfried, *m. s,* Godefroi, *m.*

Grab, *n. es, "er,* tombeau, *m.*

graben, *va. fort,* creuser.

Grabstätte, *f. n,* lieu de sépulture, tombeau, *m.*

Gras, *n. es, "er,* herbe, *f.*

grau, gris.

Greis, *m. es, e,* vieillard, *m.*

Gretchen, *n. s, dimin. de* Margarethe. Marguerite, *f.*

grob, grossier.

Grönland, *n. s,* le Groenland.

groß, grand.

größt, *superl. de* groß.

Großvater, *m. s, ",* grand-père, *m.*

grub, *prét. ind. de* graben.

grün, vert.

grüßen, *va.* saluer.

Gulben, m. s, —, florin, m. (2 fr. 15 ct.)

gut, bon; bien. [] n. es, ''er, bien, m.

Güte, f. bonté, f.

gutherzig, bon, débonnaire, charitable.

Gutherzigkeit, f. bonté (*de cœur*), f

gütig, bienveillant, avec bonté.

Gutsherr, m. n, en, seigneur (*d'une terre*), m.

§ (h)

haben, v. *aux. irrég.* avoir.

Habermuß, n, es, bouillie de farine d'avoine, f.

halb, demi, à moitié.

half, *prét. ind. de* helfen.

Hälfte, f. n, moitié, f.

Halle, f. n, salle (*d'armes, etc.*), f.

halten, va. *fort*, tenir, prendre pour, regarder.

hämmern, vn. marteler, manier le marteau.

Hand, f. ''e, main, f. in freier — wiegen, soupeser.

Händchen, n. s, —, *dimin. de* Hand, poignée, f.

handeln, vn. agir; es handelt sich um ..., il s'agit de ...

Handlung, f. en, action, f.

hangen, vn. *fort*, être (sus)pendu.

hart, dur(ement), sévère(ment).

hartherzig, dur, impitoyable, insensible.

Hasel, f. n, noisette, aveline, f. coudrier, m.

Haselgesträuch, n. (e)s, e, coudraie, f.

Haupt, n. es, ''er, tête, f. chef, m.

Hauptkirche, f. n, cathédrale, f.

Haus, n. es, ''er, maison, f.

Hausgang, m. s, ''e, allée, f. corridor, m.

Hauswesen, n. s, affaires de ménage ou domestiques, f. pl.

he! hé! eh!

heben, va. *fort*, lever.

Hecke, f. n, haie, f.

hegen, va. professer, avoir.

Heiland, m. s, e, sauveur, m.; le Christ.

heilig, saint, sacré.

heilsam, salutaire.

Heimath, f. en, pays, m. (*patrie*).

heimlich, secret, secrètement.

Heinrich, m. s, Henri, m.

heiß, chaud, brûlant.

heißen, vn. *fort*, s'appeler.

heiter, serein, gai.

Hektor, m. s, Hector, m.

Held, m. en, héros, m.

Heldenstamm, m. s, ''e, race héroïque, f.

helfen, vn. *fort*, aider, porter remède à.

hell, clair, brillant, serein, avec éclat.

her, *marque mouvement vers celui qui parle* : ici.

herab, en bas; von ... —, du haut de.

herab-reichen, vn. descendre.

heraus, dehors (*à la question d'où*).

heraus-bringen, va. *irrég.* faire sortir.

heraus-steigen, vn. *fort*, descendre (*de voiture*).

herbei-eilen, vn. accourir.

Herbst, m. es, e, automne m.

Herd, m. es, e, foyer, m.

herein, dedans, || — -kommen, vn. *fort*, entrer.

her-kommen, vn. *fort*, provenir.

Herr, m. n, en, maitre, seigneur; *terme de politesse* : monsieur, m.

herrlich, magnifique.

Herrlichkeit, f. en, magnificence.

Herrschen, *vn.* régner.

Herüber, de ce côté-ci; — kommen, *vn. fort*, traverser, se transporter de ce côté-ci.

Herum, autour; hier —, par ici.

Hervor, *marque mouvement* en avant.

Hervor-brechen, *vn. fort*, s'élancer, jaillir.

Hervor-kommen, *vn. fort*, sortir, se montrer.

Hervor-kriechen, *vn. fort*, sortir (*en se traînant*).

Herz, *n. ens, en*, cœur, *m.*

Herzlich, cordial, de tout (son) cœur.

Heu, *n. s*, foin, *m.*

Heut(e), aujourd'hui.

Hielt, *prét. ind. de* halten.

hier, ici, là, y. (*idée de repos.*)

Hierauf, là-dessus, alors, ensuite.

Hierher, (*vers*) ici.

Himbeere, *f. n*, framboise, *f.*

Himmel, *m. s*, —, ciel, *m.*

Himmlisch, céleste.

Hin, *marque mouvement pour s'éloigner :* y, là ; ich will —, je veux y (*sc. aller*).

Hinab, en descendant.

Hinauf, en montant.

Hinaus, dehors (à la question *quo*).

Hindurch, pendant, à travers.

Hinein-treten, *vn. fort*, entrer.

hing, *prét. ind. de* hangen.

Hin-gehen, *vn. irrég.* s'en aller.

Hin-streuen, *va.* jeter (en disséminant).

Hinweg, *exprime une idée d'éloignement*, loin, au loin; —ziehen, partir.

Hirsch, *m. es, e*, cerf, *m.*

Hirt, *m. en*, berger, pâtre, *m.*

Hirtenflöte, *f. n*, chalumeau, *m.*

Hirtenstab, *m. (e)s, "e*, houlette, *f.*

Hirtentasche, *f. n*, panetière, *f.*

Hitze, *f.* (grande) chaleur, *f.*

Hoch, haut, élevé.

Hof, *m. es, "e*, cour, *f.*

Hoffen, *vn. a.* espérer.

Höhe, *f. n*, hauteur. *f.*

Höher, *compar. de* hoch.

Hohl, creux.

Holen, *va.* aller chercher, prendre.

Holz, *n. es, "er*, bois, *m.*

Horchen, *vn.* écouter.

Hören, *vn. et va.* entendre, écouter.

Horn, *n. (e)s, "er*, corne, *f.*

Hörsaal, *m. (e)s*, —säle, amphithéâtre, cours, *m.*

Hülfe, *f.* secours, *m.*

Hündchen, *n. s*, —, petit chien, *m.* (*dimin. de* Hund, *m. es, e.*)

hundert, cent.

Hunger, *m. s*, faim, *f.*

Hungertod, *m. es*, mort causée par la faim, inanition, *f.*

Hungrig, affamé.

Hut, *m. es, "e*, chapeau, *m.*

Hüten, *va.* garder.

Hütte, *f. n*, hutte, cabane, *f.*

J (i)

ihm (*dat. s. de* er *et de* es), à lui.

ihn (*acc. s. de* er), le, lui.

ihnen (*dat. pl. de* er, sie, es), (à) eux, (à) elles. ‖ Ihnen, à vous.

ihr (*m. n.*), ihre (*f.*), son, sa, leur; vous, votre.

Ihrigen (die), les leurs, leur famille.

im *pour* in dem.

immer, toujours.

in, *prép. dat. et acc.* dans, en.

inbrünstig, fervent, avec ferveur.

indem, comme, pendant que, dans ce moment; *suivi d'un verbe, il*

se traduit par le part. prés.
en ...

inbeß, inbeffen, en attendant, pendant ce temps, cependant.

innerst, le plus intime, le plus profond; im Innersten, au fond du
cœur (*in imo pectore*).

Insel, *f.* n, île, *f.*

irgendwo, quelque part.

irbifch, terrestre.

J (i)

ja, oui, certes (*ne sert souvent qu'à
relever la force de l'expression*).

Jacke, *f.* u, veste, *f.*

Jagb, *f.* en, chasse, *f.*

jagen, *vn.* chasser.

Jäger, *m.* s, —, chasseur, *m.*

Jahr, *n.* (e)s, e, année, *f.*

jährlich, annuel, chaque année.

Jahrmarkt, *m.* s, "e, foire, *f.*

jammern, *vn.* gémir.

jeb-er, -e, es, chacun, chaque.

Jebermann, chacun.

jeboch, cependant, mais.

jeher, von —, de tout temps.

Jemanb, quelqu'un.

jen-er, -e, -es, ce, cette, celui-là, etc.

jetzt, maintenant, alors.

Jugenb, *f.* jeunesse, *f.*

Juli, *m.* s, juillet, *m.*

jung, jeune.

Jüngling, *m.* s, e, jeune homme, *m.*

Juni, *m.* s, juin, *m.*

K (f)

kahl, dépouillé, nu.

kalt, froid.

kam, *prét. ind. de* kommen.

Kameel, *n.* s, e, chameau, *m.*

Kammer, *f.* n, chambre, *f.*

kämpfen, *vn.* combattre.

Kämpfer, *m.* s, —, combattant, *m.*

kann, *prés. ind. de* können.

Kanone, *f.* n, canon, *m.*; —nschuß,
m. coup de canon, *m.*

Kapelle, *f.* n, chapelle, *f.*

Karl, *m.* s, Charles, *m.*

kaufen, *va.* acheter.

Kauf-mann, *m.* s, —leute, négo-
ciant, marchand, *m.*

kaum, à peine.

Kegel, *m.* s, —, cône, *m.*

kehren, *vn. et va.* tourner.

kein, aucun (*sens négatif*), (ne)...
pas.

Kiefel, *m.* s, —, caillou, *m.*

Kinb, *n.* es, er, enfant, *m.*

kinblich, enfantin, d'enfant, filial.

Kirche, *f.* n, église, *f.*

Kittel, *m.* —, souquenille, *f.*

klagen, *vn.* se plaindre (de).

kläglich, lamentable.

Klang, *m.* es, "e, son, *m.*

Kleib, *n.* es, er, vêtement, habit, *m.*

kleiben, *va.* habiller.

klein, petit || ber Kleine, l'enfant,
le fils.

Kloster, *n.* s, ", cloître, couvent, *m.*

klug, sage, sensé (*compar.* klüger).

Knabe, *m.* n, garçon, enfant, *m.*

Knecht, *m.* es, e, valet, garçon, *m.*

Knie, *n.* (e)s, e, genou, *m.*

Kohle, *f.* n, charbon, *m.*

Köhler, *m.* s, —, charbonnier, *m.*

kommen, *vn. fort.* venir.

König, *m.* s, e, roi, *m.*

Königin, *f.* nen, reine, *f.*

königlich, royal, du roi.

können, *aux. de mode irrég.* pouvoir.

konnte, *prét. ind. de* können.

könnte, *prét. subj. de* können.

Kopf, m. es, ''e, tête, f.

Korb, m. es, ''e, corbeille, f. panier, m.

Korn, n. e(s), blé, m.; || plur. ''er, grains, m. pl.

Kost, f. nourriture, f.

kostbar, précieux.

Kostbarkeit, f. en, objet de prix, m.

kosten, vn. coûter.

köstlich, délicieux.

krachen, vn. craquer, éclater.

Kraft, f. ''e, force, f.

krank, malade.

Krankenbett, n. e(s), en, lit de douleur, m.

Kranz, m. es, ''e, couronne (de fleurs), f.

Kraut, n. (e)s, ''er, herbe, f.

Kräutlein, n. s, —, dimin. de Kraut.

Kreuz, n. es, e, croix, f.

Kreuzer, m. s, —, kreutzer, m. (petite monnaie).

Kreuzfahrer, m. s, —, croisé, m.

kriechen, vn. fort, ramper.

Krieg, m. es, e, guerre, f.

Krone, f. n, couronne (de métal), f.

Krösus, m. Crésus, m.

Krücke, f. n, béquille, f.

Krug, m. es, ''e, cruche, f.

Krüppel, m, s, —, homme infirme, estropié, m.

Krystall, m. s, e, cristal, m.

kühlen, va. rafraîchir.

Kummer, m. s, chagrin, souci, m.

kümmerlich, misérablement, avec peine.

künftig, à l'avenir, désormais.

Kunst, f. ''e, art, m.

kurz, court, bref, peu de temps.

L (l)

lächeln, vn. sourire.

lachen, vn. rire.

laden, va. fort, charger.

lag, prét. ind. de liegen.

lähmen, va. paralyser.

Land, n. es, ''er, terre, campagne, f., pays, m.

Landgut, n. es, ''er, (bien de) campagne, terre, f.

Landhaus, n. es, ''er, maison de campagne, f.

ländlich, champêtre, rustique.

Land-mann, m. s, pl. —leute, campagnard, m.

lang, long; zwei Tage —, pendant deux jours; eine Zeit —, quelque temps; —e, longtemps.

längst, depuis longtemps.

Lanze, f. n, lance, f.

lassen, vn. fort, laisser, faire.

läßt, 3e p. prés. ind. de lassen.

Last, f. en, charge, f.

laufen, vn. fort, courir.

lauschen, vn. épier, prêter l'oreille.

laut, bruyant, à haute voix.

lauten, vn. sonner; der Text lautet so, voici les paroles du texte.

leben, vn. vivre.

Leben, n. s, vie, f.

lechzen, vn. brûler (vor Durst, de soif).

Leckerbissen, m. s, —, friandise, f.

ledern, de cuir.

leer, vide, nu.

legen, va. poser, placer, mettre.

Lehre, f. n, leçon, f.

lehren, va. enseigner, apprendre. (docere.)

Lehrjunge, m. n, apprenti, m.

Lehrstunde, f. n, leçon, f., cours; m.

Leib, m. es, er, corps, m.

leicht, léger, facile(ment).

leichtsinnig, adj. léger, étourdi.

Leib, douloureux, mal; einem etwas zu — thun, faire du mal à qn.

Leid, n. (e)s, mal, m. peine, f.

leiden, va. fort, souffrir.

leihen, va. fort, prêter.

leise, doux, doucement, à voix basse.

lernen, va. apprendre (*discere*).

lesen, va. fort, lire.

Lethe, m. s, Léthé, m. (*fleuve de l'oubli*).

letzte, (der, die, das), le dernier, la dernière.

leuchten, vn. briller.

Leute, pl. gens, pl.

Licht, n. es, er, lumière, chandelle, bougie, f.

lieb, cher, bien aimé, beau, bon.

Liebe, f. amour, m.

lieber (*compar. de* gern), plutôt; etwas — wollen, aimer mieux qc.

lieblich, aimable, agréable, beau.

Lied, n. es, er, chant, m., chanson, f.

lief, prét. ind. de laufen.

liefern, va. livrer, fournir.

liegen, vn. fort, être couché, être étendu, reposer, gésir (*jacere*); se trouver, être.

ließ, prét. ind. de lassen.

Lilie, f. n, lis, m.

lind, paisible(ment).

Lissabon, n. s, Lisbonne.

Lob, n, es, louange, f.

loben, va. louer.

Lobspruch, m. es, "e, louange, f.

Loch, n. es, "er, trou, m.

Lohn, m. es, salaire, m. gages, m. pl.

lösen, va. délier, dissoudre, déchirer.

los-springen, vn. fort, s'élancer en bondissant.

Lotte, f. ns, dimin. de Charlotte.

Lucian, m. s, Lucien, m.

lub, prét. ind. de laden.

Luft, f. "e, air, souffle, m.

Lust, f. ("e) plaisir, m. envie, f.

Lydien, n. s, la Lydie.

M (m)

machen, va. faire.

mächtig, puissant, puissamment.

Mädchen, n. s, —, (jeune) fille, f.

mag, prét. ind. de mögen.

Magd, f. "e, servante, f.

mal, fois; mit einem Male, tout à coup.

man, on.

Mann, m. es, "er, homme; m. (vir.)

Mantel, m. s, "', manteau, m.

Maria, f. s, Marie, f.

Mark, n. (e)s, moelle, f.; durch — und Bein, jusqu'à la moelle des os.

Markt, m. es, "e, marché, m.

Marktflecken, m. s, —, bourg, m.

Maschine, f. n, machine, f.

maß, prét. ind. de messen.

matt, las, épuisé.

Mauer, f. n, mur, m. muraille, f.

Maurer, m. s, —, maçon, m.

Max, m. ens, dimin. de Maximilian, m. Maximilien, m.

Meer, n. es, e, mer, f.

Meeresstille, f. calme de la mer; m.

Mehl, n. (e)s, farine, f.

mehr, plus (*compar. de* viel).

mehrere, plusieurs.

mein, m. n. meine, f. mon, ma, mien, etc.

meinen, vn. a. penser; so war es nicht gemeint, ce n'est pas ainsi que je l'ai entendu; dich habe ich nicht gemeint, ce n'est pas toi, que j'ai appelé.

meinige (ber, bie, bas), le mien, la mienne.

Meister, m. s, —, maître, m.

Menge, f., quantité, foule, f., nombre, m.

mengen, va. mêler.

Mensch, m. en, homme, m. (homo.)

merken, va. remarquer.

messen, va. fort, mesurer.

milbe, doux.

mir (dat. de ich), à moi, me.

Mißgeschick, n. (e)s, mésaventure, f.

Mißhanblung, f. en, mauvais traitement, m.

mit, prép. dat. avec.

mit-bringen, va. irrég., porter avec soi, rapporter.

Mitleib, n. s, compassion, f.

mitleibig, charitable.

Mittagessen, n. s, —, dîner, m.

Mitte, f. n, milieu, m.; || mitten in, au milieu de.

möchte, 1re et 3e p. s. prét. subj. de mögen (sert à exprimer un désir).

mögen, auxil. de mode irrég., vouloir, pouvoir, devoir.

möglich, possible.

Mohr, m. en, nègre, m.

Mönch, m. es, e, moine, m.

Monb, m. es, e, lune, f.

Moos, n. es, e, mousse, f.

Moosrose, f. n, rose mousseuse, f.

Morb, m. es, e, assassinat, m.

Morbthat, f. en, meurtre, m.

Morgen, m. s, —, matin, m.

morgen, demain.

Moschee, f. n, mosquée, f.

mübe, fatigué.

Mühe, f. n, peine, f.

Mühle, f. n, moulin, m.

Müller, m. s, —, meunier, m.

Munb, m. es (e, "er), bouche, f.

munter, éveillé, gai.

murren, vn. murmurer.

Muschelschale, f. n, (test de) coquillage, m.

Musik, f. musique, f.

muß, 1re et 3e p. s. pr. ind. de müssen.

müssen, auxil. de mode, irrég., devoir, falloir.

müßig, oisif, inoccupé.

mußte, prét. ind. de müssen.

Muth, m. (e)s, courage, m.

muthig, courageux, avec courage.

Mutter, f. ", mère, f.

N (n)

nach, prép. dat. après, vers; || — unb —, peu à peu.

Nachbar, m. s ou n, n, voisin, m.

nachbem, après que.

nach-springen, vn. fort, suivre (en sautant).

nächst, superl. de nahe.

nach-suchen, vn. faire des recherches, des perquisitions.

Nacht, f. "e, nuit, f.

nach-thun, vn. irrég. imiter.

Nagel, m. s, ", clou, m.

Nagelschmieb, m. (e)s, e, cloutier, m.

nah(e), proche, près.

nahen (fich), (s')approcher.

nahm, prét. ind. de nehmen.

nähren, va. nourrir.

Namen, m. s, —, nom, m.

nämlich, (le, la) même.

nannte, prét. ind. de nennen.

Näscherei, f. en, gourmandises, f.pl.

natürlich, naturel.

Nebel, m. s, —, brouillard, m.

neben, prép. dat. acc., près de, à côté de.

nebſt, *prép. dat.* (conjointement) avec.

nehmen, *va. fort,* prendre.

Neib, *m. es,* envie, *f.*

neibiſch, (*d'un air*) envieux.

neigen, *va.* incliner.

nein, non.

nennen, *va. irrég.* nommer.

Neſt, *n. es, er,* nid, *m.*

neu, nouveau, neuf.

nicht, ne...pas, ne...point.

nichts, rien (*sens négatif*).

nichtswürdig, abject.

nie, jamais (*sens négatif*).

nieber, en bas, à bas.

nieber-knie(e)n, *vn.* s'agenouiller.

nieber-ſteigen, *vn. fort,* descendre.

nieberträchtig, lâche, infâme.

nieber-werfen (ſich), *v. fort,* se prosterner.

Niemanb, personne (*sens négatif*).

Niklas, *vulg. pour* Nikolaus, Nicolas, *m.*

nimmer, jamais (*sens négatif*).

niſten, *vn.* nicher.

noch, encore; *après* weber *ou une phrase négative,* ni.

Noth, *f.* ("e), peine, détresse, *f.*

nun, maintenant, alors; von — an, dès à présent. || nun, *suivi d'un signe de ponctuation :* eh bien !

nunmehr, maintenant.

nur, seulement, ne...que...; seul.

nützlich, utile.

O (o)

Oberwelt, *f.* terre, *f.* (*par oppos. à* Unterwelt, Enfers).

Obſt, *n. collectif, es,* fruits, *m.pl.*

obwohl, bien que.

offen, ouvert(ement).

offenbaren, *va.* révéler.

Offizier, *m. s, e,* officier, *m.*

öffnen, *va.* ouvrir.

oft, souvent (*sæpe*).

öfters, assez souvent, à plusieurs reprises (*sæpius*).

ohne, *prép. acc.,* sans.

ohnmächtig, impuissant; — werben, s'évanouir.

Ohr, *n. es, en,* oreille. *f.*

Opfer, *n, s,* —, victime, *f.* ; — bringen, immoler des victimes.

Ordenskreuz, *n, es, e,* décoration, croix d'honneur, *f.*

Ordnung, *f. en,* ordre, *m.*

Orgel, *f. n,* orgue, *m.*

Orkus, *m. indécl.* Orcus, *m.* (*un des noms de Pluton*); ber finſtre —, le sombre empire.

Ort, *m. es, e, et* "er, endroit, *m.*

P (p)

Paar, *n. es, e,* paire, couple, *f.* ein paar, quelques.

Palaſt, *m. es,* "e, palais, *m.*

Papier, *n. s, e,* papier, *m.*

Pater, *m. s,* Patres, père (*spirituel*), *m.*

Patroklus, *m. indécl.* Patrocle, *m.*

Pergamus, *n. indécl.* Pergame, (*citadelle de*) Troie, *f.*

Perle, *f. n,* perle, *f.*

Perſer, *m. s,* —, Perse, *m.*

Perſon, *f. en,* personne, *f.*

Pferb, *n. es, e,* cheval, *m.*

Pflaume, *f. n,* prune, *f.*

pflegen, *va.* soigner, prendre soin de.

pflücken, *va.* cueillir.

Pilger, *m. s,* —, pèlerin. *m.*

Platz, *m. es,* "e, place; *f.*

Plätzchen, n. s, —, petite place, f. (*dimin. de* Platz).
platzen, *vn.* crever.
Platzregen, *m.* s, averse, *f.*
plaudern, *vn.* causer, bavarder.
plötzlich, soudain, tout à coup.
plündern, *va.* piller.
Pommern, *n.* s, la Poméranie.
possierlich, plaisant, drôle.
prächtig, magnifique.
Priam, *m.* s, Priam, *m.*
Prinz, *m. en,* prince, *m,*
Punkt, *m. es, e,* point, *m.*

Q (q)

Quelle, *f. n,* source, *f.*

R (r)

rächen, *va. fort ,* venger.
Rachsucht, *f.,* soif de vengeance, *f.*
Rahmen, *m.* s, —, cadre, *m.*
rasch, prompt(ement).
Rath, *m.* (e)s, conseil, *m.*
Raub, *m. es,* brigandage, pillage, *m.*
rauben, *va.* ravir, voler.
Räuber, *m.* s, —, brigand, voleur, *m.*
Rauch, *m.* (e)s, fumée, *f.*
rauh, rude, grossier.
Raum, *m.* (e)s, "e, espace, *m.*
Raupe, *f. n,* chenille, *f.*
Rebe, *f. n,* vigne, *f.*
Rechnung, *f. en,* compte, *m.*
Recht, *n.* (e)s, e, droit, *m.*; — haben, avoir raison.
recht, droit, juste, véritable, bien ; *devant un adj.,* très, bien; etwas Rechtes lernen, acquérir des connaissances solides.

rechtlich, rechtschaffen, honnête.
Rechtschaffenheit, *f.* honnêteté, probité, *f.*
Rede, *f. u,* discours, *m.*
reden, *vn.* parler, dire.
redlich (*forme secondaire de* rechtlich), honnête, d'une grande probité.
regen (sich), se mouvoir, s'agiter.
Regen, *m.* s, pluie, *f.*
Regenbogen, *m.* s, —, arc-en-ciel, *m.*
regnen, *vn.* pleuvoir.
Regung, *f. en,* mouvement, *m.*
reich, riche.
reichen, *va.* passer, donner.
reichlich, riche(ment), large(ment).
Reichthum, *m.* s, "er, richesse, *f.*
reif, mûr.
rein, pur.
reinigen, *va.* purifier.
Reise, *f. n,* voyage, *m.*
reisen, *vn.* voyager.
reiten, *vn. fort,* aller à cheval.
Reiz, *m. es, e,* charme, *m.*
Residenz, *f. en,* résidence, *f.*
retten, *va.* sauver.
Retter, *m.* s, —, sauveur, *m.*
Reue, *f.* repentir, *m.*
reuen, *va. unip.* causer du repentir.
richten, *va.* diriger, tourner (*vers*).
rief, *prét. ind. de* rufen.
Ring, *m. es, e,* cercle, anneau, *m.* bague, *f.*
rings, en cercle, (— umher), tout autour, de tous côtés.
ritt, *prét. ind. de* reiten.
Ritter, *m.* s, —, chevalier, *m.*
Ritterschaft, *f.,* chevalerie, *f.*
röcheln, *vn.* râler.
Rock, *m. es,* "e, redingote, *f.*; habit, *m.*
Rom, *n.* s, Rome, *f.*
römisch, romain.

3.

Roſe, f. n, rose, f.
roth, rouge.
röthen, va. teindre en rouge, rougir.
Rudolf. Rudolph, m. s, Rodolphe, m.
rufen, vn. et va. fort, crier, appeler.
Ruhe, f. repos, m.
ruhig, tranquille.
rühren, va. remuer, toucher, émouvoir.
Ruine, f. n, ruine, f.

S (ſ)

Sack, m. (e)s, ‘‘e, sac, m.
Säckchen, n. s, —, petit sac, m.
Säcklein, n, s, —, petit sac, m.
ſagen, vn. et va. dire.
ſah, prét. ïnd. de ſehen.
ſammt, prép. dat. avec.
ſank, prét. ind. de ſinken.
ſaß, prét. ind. de ſitzen.
Säule, f. n, colonne, f.
ſäuſeln, vn. frémir, murmurer.
Scene, f. n, scène, f.
Schaar, f. en, troupe, bande, f.
Schaden, m. s, dommage, détriment, m.
ſchädlich, nuisible, pernicieux.
Schaf, n. es, e, brebis, f.
Schäfer, m, s, —, berger, m.
Schale, f. n, coquille, f.
Schall, m. (e)s, bruit, m.
ſchämen (ſich), être honteux, rougir.
Schande, f. honte, f.
Schatten, m. s, —, ombre, f.
ſchattig, qui donne de l’ombre, ombreux.
Schatz, m. es, ‘‘e, trésor, m.
ſchätzen, va. estimer.
Schatzmeiſter, m. s, —, trésorier, m.
Schauder, m. s, —, frisson, m.

Schauer, m. s, —, horreur, terreur, f.
Schein, m. (e)s, apparence, f.
ſcheinen, vn. fort, luire, briller, paraître, sembler.
ſchel, lonche, envieux.
Schenkel, m. s, —, jambe, f.
ſchenken, va. faire présent, donner.
Scherbe, f. n, tesson, m.
Scherz, m. es, e, plaisanterie, f.
ſcherzen, vn. plaisanter.
ſchicken, va. envoyer.
ſchien, prét. ind. de ſcheinen.
ſchießen, vn. fort, tirer (un coup de fusil).
Schiff, n. es, e, vaisseau, m.
Schiffer, m. s, —, navigateur, batelier, marin, m.
Schlacht, f. en, bataille, m.
Schlaf, m. es, sommeil, m.
Schlafkammer, f. n, chambre à coucher, f.
ſchlagen, va. fort, battre, frapper.
ſchlägt, 3e p. pr. ind. de ſchlagen.
ſchlank, flexible, grêle.
ſchlecht, mauvais, méchant; || — (pour ſchlicht) und recht, avec (une) simplicité (convenable).
ſchleichen (ſich), v. fort, se glisser.
ſchließen, va. fort, fermer.
Schloß (ſſ), es, ‘‘er, château, m.
ſchlug, prét. ind. de ſchlagen.
Schlummer, m. s, sommeil (léger), assoupissement, m.
ſchlummern, vn. sommeiller, reposer.
ſchmecken, vn. avoir un goût, une saveur (sapere); es ſich — laſſen, manger de bon cœur.
Schmeichelei, f. en, flatterie, f.
ſchmelzen, va. fort, fondre.
Schmerz, m. es, en, douleur, f.

Schmied, m. forgeron; (Waffen—) armurier, m.

Schmiede, f. n, forge, f.

Schmiedeknecht, m. s, e, ouvrier forgeron, m.

Schmuck, m. es, parure, f.

schmücken, va. orner.

Schnabel, m. s, ", bec, m.

Schnäblein, n. s, —, dimin. de Schnabel.

schneiden, va. fort, couper.

schneien, vn. neiger.

schnell, rapide, vite, aussitôt.

schnitt, prét. ind. de schneiden.

schon, déjà, bien.

schön, beau.

Schonung, f., ménagement, m.

Schöpfer, m. s, —, créateur, m.

schoß, prét. ind. de schießen.

Schreck, m. (e)s, Schrecken, m. s, —, frayeur, f.

schrecklich, terrible(ment), cruellement.

Schrei, m. (e)s, e, cri, m.

schreien, vn. fort, crier.

Schreiner, m. s, —, ébéniste, menuisier, m.

Schrift, f. en, écriture, f.

Schritt, m. es, e, pas, m.

Schuh, m. es, e, soulier, m.

Schuhmacher, m. s, —, cordonnier, m.

Schuhnagel, m. s, ", caboche, f.

Schuld, f., faute, f.; an etwas schuld sein, être la cause de qc. || —, f. en, dette, f.

Schuldigkeit, f., devoir, m.

Schüler, m. s, —, écolier, élève, m.

Schuß (ss), m. es, ", coup (d'arme à feu), m.

Schüssel, f. n, plat, m.

schützen, va. protéger.

schwach, faible.

Schwalbe, f. n, hirondelle, f.

schwanken, vn. chanceler.

Schwanken, n. s, balancement, m.

schwarz, noir.

schweben, vn. planer, se trouver.

schwer, lourd; fig., difficile.

Schwert, n. es, er, épée, f.; glaive, m.

Schwester, f. n, sœur, f.

schwingen (sich), vn. fort, s'élancer; || va. brandir.

sechzig, soixante.

Secunde, f. n, seconde, f.

Seereise, f. pl. n, voyage sur mer, m.

Segen, m. s, bénédiction, prospérité, f.

segnen, va. bénir.

sehen, va. fort, voir.

Sehnen, n. s, (vif) désir, m.

sehr, très, fort, beaucoup.

Seide, f. soie, f.

sein, v. aux. irr. être.

sein (m. n.), seine, (f), son, sa.

seit, prép. dat. depuis.

Seite f. n, côté, m.; côte, f.

selbst, même; von —, de soi-même, tout seul.

selbstklug, présomptueux, suffisant; dans sa présomption.

selig, bienheureux; Ihre —e Mutter, feu votre mère.

seltsam, singulier, curieux.

Senat, m. s, e, sénat, m.

Seneka, m. s, Sénèque, m.

senken, va. baisser; || sich —, s'abaisser, descendre.

Sessel, m. s, —, siége, m.; chaise, f.

setzen, va. poser, placer, mettre; sich —, s'asseoir.

seufzen, vn. soupirer.

sich, dat. et acc. sing. et plur., lui, à elle, à soi, soi, se, etc.

sichtbar, visible.

fie, elle, la, les, eux, elles; || Sie, vous.

Siegel, m. s, —, cachet, m.

fiegen, vn. vaincre.

fieh, impér. de fehen; || — da! voici que, voilà que.

fieht, 3e p. s. pr. ind. de fehen.

Silber, n. s, argent (métal), m.

fingen, va. fort, chanter.

Singvogel, m. s, „, oiseau de chant, m.

finfen, vn. fort, tomber (en s'affaissant).

Sinn, m. es, e, sens, m.; von —n kommen, perdre le sens, la tête; ein stolzer —, un esprit altier.

finnreich, ingénieux.

Sitte, f. n, coutume, f., mœurs, f. pl.

fitzen, vn. fort, être assis, posé.

fo, si, aussi, ainsi, de la sorte.

fogar, même.

fogleich, aussitôt.

Sohn, m. es, „, fils, m.

folch, tel.

Soldat, m. en, soldat, m.

follen, v. aux. de mode irr. devoir.

Sommer, m. s, —, été, m.

fondern, mais.

Sonne, f. n, soleil, m.

fonft, autrefois, autrement.

Sorge, f. n, souci, m.

Sorgfalt, f. sollicitude, f.

forgfältig, soigneux, avec soin.

fowohl, aussi bien.

fparen, va. épargner.

fpät, tard.

fpazieren, vn. se promener.

Spaziergang, m. s, „e, promenade, f.

Speer, m. (e)s, e, lance, f.

Speise, f, n, mets, aliment, m.

Spiegel, m. s, —, miroir, m.; glace, f

fpöttisch, (d'un air) railleur.

fprach, prét. ind. de fprechen.

Sprache, f. n, langue, f.

fprechen, vn. a. fort, parler.

fprang, prét. ind. de fpringen.

fpringen, vn. fort, sauter.

fprühen, vn. a. jaillir, projeter.

fpüren, va. sentir, se ressentir de.

Stab, m. es, „e, bâton, m.

Stadt, f. „e, ville, f.

Stamm, m. (e)s, e, tronc, m. souche, race, f.

stand, prét. ind. de stehen.

Stand, m. es, „e, état, rang, m.

Ständchen, n. s, —, sérénade, f.; ein — bringen, donner une sérénade.

starb, prét. ind. de sterben.

stark, fort(ement).

stärker, compar. de stark.

Stätte, f. n, lieu, endroit, m.

Staude, f. n, arbrisseau, m.

stecken, va. ficher, mettre.

Stecken, m. s, —, baguette, f.

stehen, vn. irrég., se tenir debout (stare); se trouver, être; — bleiben, s'arrêter.

steigen, vn. fort, monter, descendre.

Stein, m. (e)s, e, pierre, f.

Stelle, f. n, place, f.

Stengel, m. e, —, tige, f.

sterben, vn. fort, mourir.

sterblich, mortel.

Stern, m. es, e, étoile, décoration, f.

Stiefel, m. s, n, botte, f.

Stiege, f. n, escalier, m.

stieß, prét. ind. de stoßen.

still, silencieux.

Stille, f. silence, m.

Stimme, f. n, voix, f.

stirbt, 3e p. pr. ind. de sterben.

stolpern, vn. broncher.

stolz, fier, orgueilleux.

Stolz, m. es, fierté, f.; orgueil, m.
stören, va. troubler, déranger.
stoßen, va. fort, pousser, donner des coups de corne.
strafen, va. punir.
Strafgericht, n. s, e, jugement redoutable, m.
Straße, f. n, rue, route, f.
Strauch, m. e(s), "e, buisson, m.
Streich, m. es, e, coup, m.
streichen, va. fort, passer la main sur.
Streit, m. es, dispute, f.
streiten, vn. fort, disputer; sich um etwas —, se disputer qch.
streuen, va. répandre, disséminer.
stritt, prét. ind. de streiten.
Stroh, n. (e) s, paille, f.
Strom, m. (e)s, "e, fleuve, courant, m.
Stube, f. n, chambre, f.
Stück, n. es, e, morceau, m.
stumm, muet.
Stunde, f. n, heure, lieue; ||leçon, f.
Sturm, m. (e)s, "e, orage; (guerre) assaut, m.; escalade, f.
stürmen, va. assaillir, forcer (l'entrée de qc.).
Sturmwind, m. s, e, vent impétueux, orage, m.
stürzen, va. précipiter.
stutzen, vn. s'arrêter surpris.
stützen, va. appuyer.
suchen, va. chercher.
süß, doux.
stygisch, du Styx; der styg'sche Fluß, le fleuve stygien, le fleuve du Styx.

T (t)

Tag, m. es, e, jour, m.
Tagelöhner, m. s, —, journalier, m.

täglich, journalier, tous les jours.
tanzen, vn. danser.
Tapferkeit, f., bravoure, f.
Tasche, f. n, poche, f.
tauschen, va. changer, troquer.
täuschen, va. tromper.
tausend, mille, mil.
Tejo, m. le Tage.
Tenne, f. n, aire, f.
Thaler, m. s, —, écu. m. (3 fr. 75 c.)
that, prét. ind. de thun.
That, f. en, fait, m. action, f.
thätig, actif.
Thätigkeit, f., activité, f.
Thau, m. (e)s, rosée, f.
Theater, n. s, —, théâtre, m.
Theil, m. (e)s, e, part(ie), f.; zum —, en partie; theils, en partie.
theilen, va. partager, fendre.
Theilung, f. en, partage, m.
theuer, cher, précieux; für —es Geld, en (les) payant fort cher.
Thier, n. (e)s, e, animal, m. (dimin. Thierchen, n. s, —).
Thor, n. (e)s, e, porte (d'une ville), f.
Thor, m. en, fou, m.
Thörin, f. nen, folle, f.
Thräne, f. n, larme, f.
thun, va. irrég. faire, rendre, mettre.
Thür, f. en, porte, f.
Thurm, m. (e)s, "e, tour. f.
tief, profond; — in, au fond de.
Tiefe, f. n, profondeur, f.
Tisch, m. es, e, table, f. || außer der —zeit, en dehors des repas.
Tischler, m. s, —, menuisier, m.
Titel, m. s, —, titre, m.
toben, vn. se déchaîner, exhaler sa fureur.
Tochter, f. ", fille, f. (filia.)
Tod, m. es, e, mort, f.
Todesstille, f., silence de la tombe, m.

tobtfranf, màlade à la mort; — fein, être à l'agonie.

töbten, *va.* tuer.

tragen, *va. fort*, porter.

trägt, 3° *p. s. pr. ind. de* tragen.

tranf, *prét. ind. de* trinfen.

tränfen, *va.* abreuver, arroser.

trat, *prét. ind. de* treten.

Trauern, *n. s*, tristesse, *f.* regrets, *m. pl.*

träufeln, *va.* verser (*goutte à goutte*)

traurig, triste(ment).

treffen, *va. fort*, atteindre.

trefflich, excellent, très-bien.

treiben, *va. fort*, pousser, chasser.

treten, *vn. fort*, marcher, entrer, s'avancer.

trieb, *prét. ind. de* treiben.

trifft, 3° *p. pr. ind. de* treffen.

trinfen, *va. fort*, boire.

Tropfen, *m. s*, —, goutte, *f.*

tröpfeln, *vn.* dégoutter.

trug, *prét. ind. de* tragen.

Tugend, *f. en*, vertu, *f.*

U (u)

übel, mauvais, mal; — nehmen, prendre en mauvaise part.

über, *prép. dat. et acc.* au-dessus, au delà, sur, de; —bies, en outre.

überfallen, *va. fort*, surprendre.

über-fließen, *vn. fort*, déborder, surabonder.

Überfluß (ff), *m. es*, superflu, *m.* abondance, *f.*

überflüffig, superflu.

überhand nehmen, prendre de l'accroissement, se propager outre mesure.

überliefern, *va.* livrer.

überwachfen, *va. fort*, couvrir (*en croissant*).

überzeugen, *va.* convaincre.

übrig, restánt; — bleiben, rester.

Ufer, *n. s*, —, bord, rivage, *m.*

um, *prép. acc.* autour, pour; um ...zu ... *suivi d'un verbe :* pour; — so mehr, d'antant plus.

um-arbeiten, *va.* remuer, donner une autre façon (*ex. à la terre*).

umarmen, *va.* embrasser.

Umfang, *m. s*, étendue (périphérique), *f.*

umfangen, *va. fort*, embrasser.

umfassen, *va.* embrasser, serrer.

umfing, *prét. ind de* umfangen.

umgeben, *va. fort*, entourer.

um-gürten, *va.* ceindre.

umher, autour, de côté et d'autre.

umher-führen, *va.* promener.

Umstehenden (die), les assistants.

um-stürzen, *va.* renverser.

Umzug, *m. es, ¨e*, procession, *f.*

unanfehnlich, de peu d'apparence.

unbefannt, inconnu.

und, et.

Unenthaltfamfeit, *f.* incontinence, intempérance, *f.*

unfehlbar, infaillible(ment).

unfreundlich, peu aimable, disgracieux.

ungeheuer, immense, monstrueux.

Ungehorfam, *m. s*, désobéissance, *f.*

ungemein, extraordinaire(ment).

ungleich, inégal(ement).

Unglüf, *n. s*, malheur, *m.*

unglüflich, malheureux.

Uniform, *f. en*, uniforme, *m.*

unmündig, mineur, en bas âge.

unnahbar, dont on ne peut approcher (ἄπτος) : cruel, redoutable.

uns, *dat. et acc. pl. de* ich, (à) nous.

unfchädlich, inoffensif.

Unfchuld, *f.* innocence, *f.*

unter, *prép. dat. et acc.* sous, entre.

unterdessen, cependant.
unterreden (sich), s'entretenir.
unterstehen (sich), oser.
unterwegs, en route, chemin faisant.
unverständig, peu intelligent.
unweit, non loin.
unwillig, irrité.
unwissend, ignorant.
Ursache, f. n, cause, f.
Urtheil, n. s, e, jugement, m.

B (v)

Vater, m. s, ", père, m.
Vaterland, n. (e)s, patrie, f.
väterlich, paternel, de son père, etc.
vaterlos, privé de son père, orphelin.
verachten, v. mépriser.
Verachtung, f., mépris, m.
verblendet, part. pa. de verblenden, aveugler, éblouir.
Verbrecher, m. s, —, criminel, malfaiteur, m.
verbreiten, va. répandre.
Verdacht, m. (e)s, soupçon, m.
verderben, vn. a. fort, corrompre; périr.
Verderben, n., perte, ruine, f.
Verderbniß (ß), n. es, corruption, f.
verderbt, corrompu.
verdienen, va. gagner, mériter.
verdorben, part. pa. de verderben.
Verdruß (ß), m. es, dépit, m.
vereinigen, va. réunir.
verfallen, vn. fort, tomber dans, être atteint de.
verfiel, prét. ind. de verfallen.
Vergebung, f. pardon, m.
vergelten, va. fort, récompenser, payer.
verheißen, va. fort, promettre
Verhör, n. s, e, interrogatoire, m.

verhungern, vn. mourir de faim.
verirren (sich), s'égarer.
verklagen, va. accuser.
verkriechen, v. fort; sich —, se cacher (en rampant).
verkroch, prét. ind. de verkriechen
verkünden, va. annoncer.
verlangen, va. demander, exiger.
verlassen, va. fort, quitter, abandonner.
Verleumder, m. s, —, calomniateur, m.
verlieren, va. fort, perdre.
verließ, prét. ind. de verlassen.
verlor, prét. ind. de verlieren.
verloren, part. pa. de verlieren.
vermeiden, va. fort, éviter.
Vermögen, n. s, fortune, f.
versammeln, va. réunir, assembler.
verscheiden, vn. fort, trépasser, mourir.
verscheuchen, va. effaroucher.
verschied, prét. ind. de verscheiden.
verschieden, part. pa. de verscheiden; || adj. différent.
verschlingen, va. fort, engloutir.
verschlungen, part. pa. de verschlingen.
verschmachten, vn. se sentir défaillir, mourir d'inanition.
verschönern, va. embellir.
verschwenderisch, prodigue, avec prodigalité.
Versehen, n. s, —, erreur, m.; aus —, par mégarde.
versenken, va. descendre, plonger.
versetzen, vn. répliquer.
versprach, prét. ind. de versprechen.
versprechen, va. fort, promettre.
versprochen, part. pa. de versprechen.
verspüren, va. ressentir.
verständig, intelligent, sensé.
verstecken, va. cacher.
verstehen, va. irrég. comprendre;

das versteht sich, cela s'entend; sans doute.

verstopfen, *va.* boucher.

Versuch, *m.* s, e, essai, *m.*

vertheilen, *va.* répartir.

vertilgen, *va.* anéantir.

verträumen, *va.* passer à rêver.

vertreiben, *va. fort*, chasser, expulser.

vertrieb, *prét. ind. de* vertreiben.

vertrieben, *part. pa. de* vertreiben.

veruntreuen, *va.* détourner (*par un acte d'infidélité*).

Verwandte (der), parent, *m.*

verwenden, *va. irrég.* employer.

verwundern (sich), s'étonner.

verzehren, *va.* consumer, manger.

Vetter, *m.* s, n, cousin, *m.*

viel, beaucoup; wie —, combien. so —, (au)tant.

vielleicht, peut-être.

vielmehr, (bien plus) au contraire, plutôt.

Viereck, *n.* s, e, carré. *m.*

Vogel, *m.* s, '', oiseau, *m.*

Vögelein, *n.* s, —, petit oiseau, *m.*

voll, plein.

vollkommen, parfait.

vom *pour* von dem.

von, *prép. dat.* de; von ... an, dès.

vor, *prép. dat. acc.* devant, avant, de (*præ*).

vorbei, *exprime l'idée de passage;* — sein, être passé, fini.

vorbei-fahren, *vn. fort*, passer (en *ou* avec une voiture).

Voreltern, *pl.* ancêtres, *m. pl.*

vorig, d'autrefois, ancien.

vor-kommen, *vn. fort*, se présenter, y avoir, paraître.

vor-legen, *va.* proposer.

vormals, autrefois.

vornehm, de qualité, grand, haut.

Vorschein, *m.* s, apparence, *f.*; zum — kommen, paraître.

Vorsteher, *m.* s, —, supérieur, *m.*

Vorurtheil, *n.* s, e, préjugé, *m.*

vorzüglich, éminent.

W (w)

wachsen, *vn. fort*, croître.

wacker, brave.

Waffe, *f.* n, arme, *f.*

wagen, *v.* oser, tenter.

Wagen, *m.* s, —, voiture, *f.*

wahr, vrai.

während, *prép. gén.* pendant; || *conj.* pendant que.

Wahrheit, *f.* en, vérité, *f.*

wahr-nehmen, *va. fort*, apercevoir.

Wald, *m.* es, ''er, forêt, *f.*

waldig, boisé.

wand, *prét. ind. de* winden.

Wand, *f.* ''e, mur, *m.*

Wanderer, *m.* s, —, voyageur (à pied), *m.*

Wange, *f.* n, joue, *f.*

war, *prét. ind. de* sein.

warf, *prét. ind. de* werfen.

Warnung, *f.* en, avertissement, conseil, *m.*

warten, *vn.* attendre.

warum, pourquoi.

was, quoi, (ce) que; — für, quel.

Wasser, *n.* s, —, eau, *f.*

Wasserhose, *f.* n, trombe, *f.*

wecken, *va.* (r)éveiller.

weder ... noch ..., ni ... ni ...

weg, *marque éloignement.*

Weg, *m.* es, e, chemin, *m.*; voie, *f.*

wegen, *prép. gén.* à cause.

Wegweiser, *m.* s, —, guide, *m.*

weg-werfen, *va. fort*, jeter, prodiguer.

wehen, *vn.* venter.

Weib, n. es, er, femme, épouse, f.
Weide, f. n, saule, m.; —ngebüsch,
n. saussaie, oseraie, f.
Weidenbaum, m. s, ''e, saule, m.
weigern (sich), v. refuser.
weil, parce que.
Weile, f., espace de temps, m.; über
eine —, au bout de quelque
temps.
Wein, m. (e)s, e, vin, m.
weinen, vn. pleurer, gémir.
Weise, f. n, manière, f.
weise, sage.
Weisheit, f. sagesse, f.
weiß, 1re et 3e p. pr. ind. de wissen,
weiß, blanc.
weißt, 2e p. s. pr. ind. de wissen.
weit, large, vaste, loin; — mehr,
bien plus; — und breit, partout,
Weite, f. n, étendue, f.
weiter, comp. de weit; —hin, plus
loin.
Welle, f. n, onde, f.; flot, m.
Welt, f. en, monde, f.
Weltmeer, n. (e)s, océan, m.
Welttheil, m. s, e, partie du monde.
Weltweise (der), philosophe, m.
wenden, va. irrég. tourner; séparer.
wenig, peu.
wenn, si, quand.
wer, qui, celui qui.
werden, v. irrég. devenir, être.
werfen, va. fort, jeter, lancer.
Werk, n. es, e, œuvre, f. ouvrage, m.
Werkstätte, f. n. atelier, m.
werth, valant, d'une valeur de,
digne; — sein, valoir.
Wetter, n. s, —, temps, orage, m.
wetzen, va. frotter, aiguiser.
wichtig, important.
wie, comment, comme; so ... wie
...., aussi ... que ...

wieder, de nouveau, re...; — werden, redevenir.
wieder-finden, va. fort, retrouver.
wieder-geben, va. fort, rendre.
wiederholen, va. répéter.
wieder-kommen, vn. fort, revenir.
wieder-sehen, va. fort, revoir.
wiegen, va. fort, peser.
Wiese, f. n, prairie, f.
Widerwillen, m. s, répugnance, f.
wild, sauvage, féroce.
Wildschütze, m. n, braconnier, m.
Wilhelm, m. s, Guillaume, m.
will, prét. ind. de wollen.
Willen, m. s, —, volonté, f.
winden, va. fort, rouler, tordre.
winseln, vn. gémir.
Winter, m. s, —, hiver, m.
Wirbel, m. s, —, tourbillon, m.
wirbeln, va. faire tourbillonner.
wirklich, réel (lement).
Wirthshaus, n. es, ''er, cabaret, auberge, m.
wissen, va. irrég. savoir.
Wissen, n. s, savoir, m.
Witz, m. es, esprit, m.
wo, où (avec repos); quand.
wodurch, par quoi, par lequel, etc.
wog, prét. ind. de wiegen.
wohin, où (avec mouvement).
woher, d'où.
wohl, bien.
Wohlgeruch, m. s, ''e, parfum, m.
Wohlthat, f. en, bienfait, m.
wohlthätig, bienfaisant.
wohnen, vn. demeurer.
Wohnung, f. en, demeure, f.
Wolke, f. n, nuage, m.
wollen, aux. de mode irrég., vouloir.
worben pour geworben, part. pa. de
werben.

Wort, *n.* es, e, parole, *f.*; || —es, "er, mot, *m.*

wovon, de quoi, dont.

wozu, à quoi.

wuchs, *prét. ind. de* wachsen.

Wunder, *n.* s, —, miracle, *m.*

wunderbar, merveilleux, d'une façon merveilleuse.

wunderschön, admirablement beau.

Wunderwerk, *n.* s, e, merveille, *f.*

wußte, *prét. ind. de* wissen.

wüst, inculte, désert.

Wüste, *f.* n, désert, *m.*

wüthen, *vn.* exercer sa fureur.

Z (z)

Zahl, *f.* en, nombre, chiffre, *m.*

zählen, *va.* compter.

zahm, apprivoisé.

zanken, *vn.* se quereller, gronder.

zeigen, *va.* montrer.

Zeit, *f.* en, temps, *m.*

Zeitvertreib, *m.* s, passe-temps, *m.*

zerbrechen, *vn. fort*, se briser; || *va. fort*, briser.

zerreißen, *va. fort*, déchirer; *abs.* se déchirer.

zerstören, *va.* détruire, renverser.

zertreten, *va. fort*, fouler aux pieds, écraser.

zertrümmern, *va.* fracasser.

Ziege, *f.* n, chèvre, *f.*

Ziegenbock, *m.* s, "e, bouc, *m.*

ziehen, *vn. a. fort* (*verbe du mouvement*), tirer, aller, se diriger.

ziemlich, passable(ment).

Zimmer, *n.* s, —, chambre, *f.*

Zinsen, *pl.* intérêts, *m. pl.*

zog, *prét. ind. de* ziehen.

zu, *prép. dat.* à, dans, pour, chez; *devant un infinitif* de, à; *devant un adj.* trop.

zu-bringen, *va. irrég.* passer.

züchtigen, *va.* châtier.

zu-eilen, *vn.* se précipiter vers.

zufrieden, content.

zugleich, en même temps.

zu-kommen, *vn. fort*, se diriger vers, arriver.

zuletzt, finalement, en dernier lieu.

zum *pour* zu dem.

Zunge, *f.* n, langue, *f.*

zur *pour* zu der.

zurück, en arrière; —gehen, rétrograder; —kehren, retourner; —schlagen, repousser.

zusammen, ensemble.

zusammen-schlagen, *va. fort*, joindre.

zusammen-schmelzen, *va. fort*, réduire.

zu-schließen, *va. fort*, fermer.

zu-sehen, *vn. fort*, regarder, aviser.

zu-springen, *vn. fort*, s'élancer vers.

zu-stoßen, *vn. fort*, porter un coup.

zuvor, avant.

zuweilen, parfois.

zwanzig, vingt.

zwar, à la vérité.

zwei, deux.

zweierlei, de deux sortes, différent.

Zweig, *m.* es, e, branche, *f.*

Zwetsche, *f.* n, prune (de Damas), *f.*

FIN.

TABLE DES MATIÈRES

PARIS. — IMPRIMERIE DE J. CLAYE, RUE SAINT-BENOIT, 7.

PARIS. — IMPRIMERIE DE J. CLAYE, RUE SAINT-BENOÎT, 7.